D1833332

हरिशंकर परसाई

22 अगस्त, 1924 को मध्य प्रदेश, होशंगाबाद के जमानी गाँव में जन्मे हरिशंकर परसाई का आरम्भिक जीवन कठिन संघर्ष का रहा। पारिवारिक जिम्मेदारियों के बीच उन्होंने नागपुर विश्वविद्यालय से हिन्दी में एम.ए. किया और फिर 'डिप्लोमा इन टीचिंग' का कोर्स भी।

उनकी प्रकाशित कृतियाँ हैं—'हँसते हैं रोते हैं', 'जैसे उनके दिन फिरे' (कहानी-संग्रह); 'रानी नागफनी की कहानी', 'तट की खोज' (उपन्यास); 'तब की बात और थी', 'भूत के पाँव पीछे', 'बेईमानी की परत', 'वैष्णव की फिसलन', 'पगडंडियों का जमाना', 'शिकायत मुझे भी है', 'सदाचार का तावीज', 'विकलांग श्रद्धा का दौर', 'तुलसीदास चन्दन घिसैं', 'हम इक उम्र से वाकिफ हैं', 'जाने-पहचाने लोग', 'कहत कबीर', 'ठिठुरता हुआ गणतंत्र' (व्यंग्य निबन्ध-संग्रह); 'पूछो परसाई से' (साक्षात्कार)। 'परसाई रचनावली' शीर्षक से छह खंडों में उनकी सभी रचनाएँ संकलित हैं। लगभग सभी भारतीय भाषाओं और अंग्रेजी में उनकी रचनाओं के अनुवाद हुए हैं।

उन्हें 'साहित्य अकादेमी पुरस्कार', मध्य प्रदेश के 'शिखर सम्मान' समेत कई पुरस्कारों से सम्मानित किया गया।

10 अगस्त, 1995 को उनका निधन हुआ।

यादों की रोशनी में

हरिशंकर परसाई

राजकमल पेपरबैक्स

पहला संस्करण 1989 में जनवादी साहित्य गृह प्रा. लि., भोपाल, से प्रकाशित

राजकमल पेपरबैक्स में
पहला संस्करण : 2024

राजकमल पेपरबैक्स : उत्कृष्ट साहित्य के जनसुलभ संस्करण

राजकमल प्रकाशन प्रा. लि.
1-बी, नेताजी सुभाष मार्ग, दरियागंज
नई दिल्ली-110 002
द्वारा प्रकाशित

शाखाएँ : अशोक राजपथ, साइंस कॉलेज के सामने, पटना-800 006
पहली मंजिल, दरबारी बिल्डिंग, महात्मा गांधी मार्ग, प्रयागराज-211 001
1, अनमोल सोराबजी सन्तुक लेन, धोबी तलाव, मरीन लाइंस, मुम्बई-400 002
वेबसाइट : www.rajkamalprakashan.com
ई-मेल : info@rajkamalprakashan.com

विकास कंप्यूटर एंड प्रिंटर्स
ट्रॉनिका सिटी-201 102
द्वारा मुद्रित

मूल्य : ₹199

YAADON KI ROSHNI MEIN
by Harishankar Parsai

ISBN : 978-93-6086-172-8

जन-साहित्यकार श्री हरिशंकर परसाई की यह कृति जहाँ इस महान लेखक के रचना-जगत की भावभूमि और विचार-बोध को उजागर करती है, वहीं वह आज के सामाजिक-राजनीतिक परिवेश को समझने की रोशनी भी देती है।

'यादों की रोशनी' में परसाई जी के अप्रकाशित संस्मरण, भाषण, वार्ता, रेखाचित्र और निबन्ध संगृहीत हैं। ये रचनाएँ लेखक के व्यापक विश्व दृष्टिकोण, उनकी सामाजिक आस्थाओं और अपेक्षाओं को रेखांकित करती हैं तथा जीवन के ग्राह्य-अग्राह्य, विसंगति और सकारात्मक पक्ष को समय की निर्मम कसौटी पर जाँचती-परखती हैं। आत्मीयता और करुणा के साथ-साथ परसाई जी की चिर-परिचित व्यंग्य की धार भी इनमें मौजूद है।

1 मार्च, 1989

बी.एस. शशिधरन, प्रबन्धन
जनवादी साहित्य गृह प्रा. लि., भोपाल

क्रम

तीन

यादों की रोशनी में

एक

‘मतवाला’ और उसकी भूमिका

1923 में ‘मतवाला’ का प्रकाशन पत्रकारिता के क्षेत्र में कई दृष्टियों से महत्त्वपूर्ण घटना थी। इसके तेवर नये थे और तीखे थे। व्यंग्य और विनोद इसका मूल स्वर था, पर यह गम्भीर, राजनीतिक, सामाजिक, धार्मिक प्रश्नों पर बेधड़क प्रगतिशील मत व्यक्त करता था। ‘मतवाला’ की कहन का ठाठ कबीरदास का ठाठ था—‘सीधा और हड्डीतोड़’ :

दाढ़ी बढ़ाय जोगी होय गैल बकरा,
इंद्रिय जराय जोगी होय गैल हिजरा।

निश्चित ही आचार्य महावीर प्रसाद द्विवेदी की ‘सरस्वती’ की स्पिरिट से ‘मतवाला’ अलग था। ‘सरस्वती’ की शालीनता, सौम्य, अनुशासन ‘मतवाला’ में नहीं थे। ‘मतवाला’ मंडल तथाकथित शालीनता में सत्य को छिपाता नहीं था और तथाकथित मर्यादा के बहाने पाखंड को ढाँकता नहीं था। इसकी साफगोई, अक्खड़ता, फक्कड़पन, अभय इसे भारतेन्दु

हरिश्चन्द्र के युग की परम्परा से जोड़ते हैं। भारतेन्दु के एक पद की कुछ पंक्तियाँ हैं :

सेवक गुनीजन के चाकर चतुर के हैं
कविन के मीत चित हित गुनगानी के
साँचे सौं साँचे महा बाँके हम बाँकन सौं
हरिचंद नगद दमाद अभिमानी के।

यह 'नगद दामाद' का व्यक्तित्व 'मतवाला' का था।

'मतवाला' मंडल के ये लोग तोड़ने वाले और नया बनाने वाले थे। 'निराला' ने छंद तोड़ा जौर मुक्त छंद का अनुशासन भी बनाया। कबीरदास ने कहा था :

बंध ते अबंध कीया तोड़ सब तंगी,
अगम को गम कीया प्रेम रंग रंगी।

'उग्र' का शक्तिशाली यथार्थवादी गद्य, जिसने नकली रेशम में ढँके सारे घिनौने यथार्थ को उघाड़ दिया। विरल होती है ऐसी लेखनी। यदि 'उग्र' में दिशा होती, बुनियादी राजनीतिक, सामाजिक शिक्षण होता, तो और कमाल हो गया होता। जब 'मतवाला' निकला, तब और उसके पहले से हिन्दी में पत्र-पत्रिकाएँ निकल रही थीं और लक्ष्मण नारायण गर्दे जैसे पाये के निर्भीक पत्रकार थे। पर 'मतवाला' इस तरह की समझ, ऐसे उद्‌देश्य, ऐसी शैली में निकला क्यों? माना कि इसमें लगे लोग एक के सिवा सब तीस साल से कम उम्र के थे, पर तीस साल के तो पराजित बूढ़े भी हम देखते हैं। उम्र का अपना महत्त्व है। मगर ऐतिहासिक कारण भी थे।

महात्मा गांधी एक नये प्रकार के विद्रोह और संघर्ष की विधि लेकर आ गए थे, जिसका परीक्षण वे अफ्रीका में कर चुके थे। सत्याग्रह,

असहयोग, सविनय अवज्ञा आन्दोलन नये थे। तॉल्स्तॉय की एक कहानी जरूर इस अहिंसक संघर्ष विधि पर है। तॉल्स्तॉय को वे गुरु भी मानते थे। पर तॉल्स्तॉय के उपन्यास 'पुनरुत्थान' में व्यक्तिगत नैतिक प्रयासों की असफलता गांधी जी समझ गए थे। यह भी गलत है कि उन्हें सविनय अवज्ञा आन्दोलन की प्रेरणा थोरो के लेख 'सिविल डिसओबिडिएंस' से मिली।

'जब मैंने अफ्रीका में यह आन्दोलन किया, तब मैंने थोरो का वह लेख नहीं पढ़ा था। बाद में पढ़ा और मेरे विचारों की उससे पुष्टि हुई।'—ये शब्द महात्मा गांधी के ही हैं। सन् 1920-21 के सत्याग्रह में लाखों-लाख लोगों ने भाग लिया। इतिहास में ऐसा जन-आन्दोलन नहीं हुआ था, जिसमें इतनी बड़ी संख्या में जनता के सब तबकों की शिरकत हो। किसान, मजदूर, मध्यवर्गीय बुद्धिजीवी—सब इसमें शामिल थे। बिना प्रतिकार किये अत्याचारी शासन के लाठी, गोली सह लेना और स्वेच्छा से जेल चले जाना सचमुच वीरता थी। गांधी जी ठीक कहते थे कि अहिंसा वीर आदमी का अस्त्र है।

इस आन्दोलन ने देश को जगा दिया था। बिजली फैल गई थी। विद्रोह-भावना जनता में भर गई थी। भय चला गया था। उत्सर्ग की प्रेरणा मिली थी। अपनी शक्ति पर भरोसा हुआ था। विकट प्रभाव था इस आन्दोलन का। दूसरी कम्यूनिस्ट इंटरनेशनल में लेनिन ने एम.एन. राय की थीसिस की धज्जी उड़ा दी थी और कहा था कि 'गांधी राष्ट्रीय मुक्ति के लिए लाखों-लाख लोगों का विराट जन-आन्दोलन चला रहा है। वह साम्राज्यवाद-विरोधी है। वह क्रान्तिकारी है।'

इस आन्दोलन ने देश के युवाओं में विद्रोह की आग जला दी थी। 1917 में लेनिन के नेतृत्व में रूस में किसान-मजदूरों ने क्रान्ति की थी। इस क्रान्ति का बहुत असर भारतीय मानस पर पड़ा। यह

क्रान्ति अत्यन्त उत्प्रेरक घटना दुनिया भर के लिए थी। श्रमिकों के हाथों में राजसत्ता आ गई थी। दुनिया भर के शोषितों में आशा जगी थी। युवकों में नई जागृति आई थी। एक नई मूल्य-पद्धति रूसी समाज में विकसित हो रही थी। सन् 1930 में रवीन्द्रनाथ ठाकुर रूस गए थे और उन्होंने लिखा था : "एक नई मानव-संस्कृति का उदय मैं रूसी समाज में देख रहा हूँ।"

यह बाद की बात हुई। क्रान्ति के तत्काल बाद सामान्य जन में नया जोश और विश्वास पैदा हुआ। तब मार्क्सवादी साहित्य भारत में बहुत कम आ पाता था। रूस के समाचार भी अंग्रेज सरकार रोकती थी। फिर भी चोरी-छिपे मार्क्सवादी और रूसी क्रान्ति सम्बन्धी साहित्य भारत में आता था—विशेष कर पर्यटकों के माध्यम से। फिर बड़े बुर्जुआ घरानों के जिन लड़कों को आई.सी.एस. या बैरिस्टरी करने इंग्लैंड भेजा जाता था, उनमें कुछ कम्यूनिस्ट होकर लौटते थे। इनमें भारतीय कम्यूनिस्ट पार्टी के कुछ नेता भी हुए। सामान्य रूप से समाजवादी विचार लेकर तो बहुतेरे लौटते थे। जयप्रकाश के नेतृत्व में बाद में कांग्रेस समाजवादी संगठन बना। 1925 में कानपुर में साम्यवादी पार्टी की स्थापना हुई। इस सम्मेलन में कांग्रेस के बड़े और तेजस्वी नेता उपस्थित थे, जैसे—बालकृष्ण शर्मा 'नवीन' और गणेश शंकर विद्यार्थी।

उत्तर भारत में आर्यसमाज का सुधारवादी आन्दोलन तेजी पर था। जाति और वर्ण-विरोध, छुआछूत-विरोध, बाल-विवाह निषेध, पुनर्विवाह का स्त्री को अधिकार, धार्मिक कर्मकांड का विरोध, अन्धविश्वासों का विरोध—आर्यसमाज के मुख्य मुद्दे थे। इससे उत्तर भारत के हिन्दुओं में नई चेतना आई। वे रूढ़ियों से छूटे। पर स्वामी दयानन्द पुनरुत्थानवादी थे, राममोहन राय पुनर्जागरणवादी। दयानन्द सारा ज्ञान-विज्ञान वेदों में ढूँढ़ते थे, राममोहन राय पश्चिम के नये ज्ञान-विज्ञान को अंगीकार करते

थे। आर्यसमाजी अन्ततः दकियानूसी और साम्प्रदायिक हुए। वे वैदिक युग के 'यूटोपिया' में जीने लगे। वे वेदों में हवाई जहाज और अन्तरिक्ष यान तक के सूत्र खोजते थे। अभी भी पढ़े-लिखे लोग ऐसे मिलते हैं, जो कहते हैं कि अमेरिका और रूस से ऊँचा अणु-विज्ञान वेदों में है। मैं उनसे कहता हूँ—तो आप अणु शोध संस्थान के अध्यक्ष डॉक्टर राजा रमन्ना को बता दीजिए न! कहते हैं—बढ़िया हवाई जहाज बनाते थे वैदिक आर्य। मैं कहता हूँ—इतनी खुदाई की है पुरातत्त्ववेत्ताओं ने, मगर एक बाइसिकिल भी तो नहीं मिली। अगर दयानन्द उत्तर भारत के राजा राममोहन राय होते, तो इस क्षेत्र का राजनीतिक-सामाजिक नक्शा ही आज दूसरा होता। बहरहाल, 'मतवाला' के जमाने में आर्यसमाज का सुधारवादी आन्दोलन प्रेरक था।

'मतवाला' कलकत्ता से निकला था। कलकत्ता सशस्त्र क्रान्तिकारियों का अड्डा था। इन जोशीले युवकों के सम्बन्ध कलकत्ता के जागरूक पत्रकारों से थे। ये पत्रकार इन क्रान्तिकारियों के समर्थक थे। उन्हें मदद देते थे। उन्हें भूमिगत रहने की सुविधा देते थे। बाबूराव विष्णु पराड़कर कलकत्ता से बनारस आए और 'आज' के सम्पादक हुए। तब भी वे क्रान्तिकारियों की मदद करते थे। स्वाभाविक था कि 'मतवाला' मंडल का समर्थन इन क्रान्तिकारियों को हो।

ऐसी परिस्थितियाँ तब थीं, जिनके प्रभाव से, जमाने के दबाव से और एक जरूरत की पूर्ति के लिए यह पत्र निकला। इसमें सक्रिय और इसके साथ के लोग लगभग समान विश्वास वाले थे। इन्हें 'लाइक माइंडेड' पूरी तरह नहीं कह सकते—सच्चे और पूर्ण 'लाइक माइंडेड' बेवकूफ ही हो सकते हैं।

'मतवाला' रेडिकल था। राजनीति में यह पूर्ण स्वाधीनता का समर्थक था, समझौतों के विरुद्ध था और वाइसराय की कौंसिल की सदस्यता ग्रहण

करने के विरुद्ध था। इस मामले में इन्होंने पंडित मदनमोहन मालवीय की भी आलोचना की :

> परम त्यागी मालवीय जी सब छोड़ेंगे परन्तु कौंसिल नहीं छोड़ेंगे। सच है—कहैया और सुनैया तजौं, बाप और भैया तजौं, मैया तजौं, दैया पै कन्हैया नहिं तजिहौं।

ये लोग 'मॉडरेट' कहलाते थे। इंग्लैंड में भी 'मॉडरेट' थे। श्रीनिवास शास्त्री तथा कुछ और 'मॉडरेट' ब्रिटिश सरकार से समझौता वार्ता करने लन्दन गए। ये लौटे, तब जवाहरलाल नेहरू ने इनकी बड़ी खिल्ली उड़ाई। आत्मकथा में नेहरू ने लिखा है कि इंग्लैंड में मॉडरेटों के बारे में दो पंक्तियाँ उपहास में प्रचलित हैं :

इन मॉडरेशन प्लेसिंग ऑल माई ग्लोरी,
टोरीज कॉल मी ए व्हिग एंड व्हिग्ज़् ए टोरी।

'मतवाला' गांधी जी का समर्थक था, परन्तु सशस्त्र क्रान्तिकारियों का भक्ति की हद तक प्रशंसक और समर्थक था। इनकी वीरता, त्याग और बलिदान का कम महत्त्व नहीं था। पर रामप्रसाद 'बिस्मिल' ने, जो बहुत प्रबुद्ध थे, अपने अन्तिम सन्देश में यही कहा था कि हमें जन-आन्दोलन चलाना चाहिए। मैंने भगवानदास माहौर से उन लोगों के और गांधी जी के सम्बन्धों के बारे में पूछा, तो उन्होंने बताया कि नैतिक दृष्टि से वे हिंसा के खिलाफ थे, पर वे हमारे बलिदान के प्रशंसक थे तथा मानते थे कि हम युवकों में चेतना का संचार करते हैं। पर वे कहते थे कि आजादी तुम्हारे रास्ते से नहीं आएगी, मेरे रास्ते से आएगी—जन-आन्दोलन के रास्ते से।

'मतवाला' खिलाफत आन्दोलन का समर्थक नहीं था। वह इसे सन्देह की नजर से देखता था। वह इसे मुस्लिम साम्प्रदायिकता मानता था। 'मतवाला' के कुछ साथी राष्ट्रीय होते हुए भी उदार हिन्दूवादी थे। ये आक्रामक हिन्दू राष्ट्रवादी नहीं थे, पर हिन्दू जाति की बढ़ती और समृद्धि में इनकी अलग से आस्था थी। ये हिन्दुओं को मुसलमान बनाने के विरुद्ध थे। पर आर्यसमाज के 'शुद्धि-संस्कार' से मुसलमानों को हिन्दू बनाने के समर्थक थे। एक टिप्पणी देखिए :

> हमारे कुछ दूरदर्शी सहयोगी हिन्दू-मुस्लिम मेल के लिए विशेष व्यस्त हैं। परन्तु 'मतवाले' की राय में तो मेल का सूत्रपात हो चुका है। हिन्दुओं के मस्तक और मुसलमानों की लाठी की घनिष्ठता उत्तरोत्तर बढ़ रही है।

ये लोग हिन्दू धर्म के पाखंड, पोंगापंथी, कर्मकांड के जरूर खिलाफ थे। महन्तों, मठाधीशों और धर्मोपदेशकों के खिलाफ थे। दकियानूसी के विरुद्ध थे। पर गौरक्षा के समर्थक थे और गौकुशी पर तीव्र प्रतिक्रिया करते थे। कसाईखाने खोले जाने के विरुद्ध थे। यों पंडित माखनलाल चतुर्वेदी ने भी 'कर्मवीर' में सागर के पास रतौना में बूचड़खाना खोले जाने का विरोध किया था। पर सन्दर्भ दूसरा था। एक ब्रिटिश कम्पनी को तीस साल का ठेका दे दिया गया। तीन हजार जानवर रोज कटने वाले थे। इनमें गाय और सूअर, दोनों थे। कसाईखाने के विरुद्ध जो सत्याग्रह हुआ, उसमें हिन्दू और मुसलमान, दोनों शामिल थे। माखनलाल चतुर्वेदी ने इसे राष्ट्रीय दृष्टि से देखा था, साम्प्रदायिक दृष्टि से नहीं।

'मतवाला' मौलाना मुहम्मद अली और मौलाना शौकत अली का आलोचक था। गांधी जी से इनकी निकटता भी उसे पसन्द नहीं थी।

कारण एक तो यह हो सकता है कि खिलाफत आन्दोलन ही प्रतिगामी था। दूसरे, हिन्दूवाद भी कारण था। तीसरे, इन दोनों भाइयों पर 'मतवाला' वाले विश्वास नहीं करते थे। टिप्पणी है :

> मौलाना मुहम्मद अली अभी इस समय बड़े असमंजस में पड़े हुए हैं। अगर खुले शब्दों में हिन्दू संगठन और शुद्धि आन्दोलन का विरोध करके मुसलमान संगठन की चर्चा चलाते हैं तो ऑल इंडिया लीडरी छिन जायगी। और अगर हिन्दू संगठन का समर्थन करते हैं तो मुसलमान भाई उन्हें 'काफिर' कहकर निकाल बाहर करते हैं। मौलाना की जान अजब कशमकश में है : भई गति साँप छछूँदर केरी।

'मतवाला' की राष्ट्रीयता को समझ लेना जरूरी है। यह पूरी तरह वह राष्ट्रीयता नहीं थी, जो गांधी जी की थी। इसमें हिन्दू साम्प्रदायिकता की थोड़ी मिलावट थी।

वैसे कुछ लोगों का खयाल है कि अकबर इलाहाबादी ने भी इस शेर में दोनों मौलाना भाइयों पर कटाक्ष किया है :

बुद्ध मियाँ भी हजरते गांधी के साथ हैं,
गो गर्दे राह हैं मगर आँधी के साथ हैं।

साम्यवाद के समर्थन में 'मतवाला' पक्का था। साम्यवादी पार्टी के संस्थापकों में राधामोहन गोकुल जी तो 'मतवाला' मंडल के बहुत निकट थे। 'मतवाला' दूसरे साम्यवादी नेता मौलाना हसरत मोहानी का समर्थक और परम प्रशंसक था। 1925 में कानपुर में कम्यूनिस्ट पार्टी की स्थापना का 'मतवाला' ने जोरदार समर्थन किया। फिर आगे जब कांग्रेसियों ने छापाखाने वाले पर दबाव डालकर 'साम्यवादी' पत्र का प्रकाशन रोक

दिया, तब 'मतवाला' ने बड़ी कठोर टिप्पणी की। 'मतवाला' लेनिन का भक्त था। लेनिन द्वारा स्थापित साम्यवाद में उसका विश्वास था। लेनिन की मृत्यु पर टिप्पणी है :

> अल्लाह मियाँ ने महात्मा लेनिन को बुला लिया क्योंकि वे संसार से अन्यायियों का नामोनिशान मिटाकर खुदा मियाँ के कयामत के रोज का मजा बिगाड़ देना चाहते थे।

कम्यूनिस्ट नेता राधामोहन गोकुल जी की जेल से रिहाई पर लिखा :

> नौकरशाही ने बूढ़े लाला राधामोहन गोकुल जी को जीते-जी छोड़ दिया। नौकरशाही यदि उनकी फौलादी हड्डियों की गोलियाँ बनवाकर रख लेती तो भावी सिख विद्रोह के दमन में बड़ी आसानी होती।

मौलाना हसरत मोहानी को दुबारा जेल भेजने पर टिप्पणी थी :

> कट्टर वीर हसरत मोहानी को दो वर्ष की सजा मिली। अब फिर उन पर एक मामला चलाकर उन्हें ढाई साल की सजा दी गई है। अब अंग्रेजी राज की मियाद ढाई वर्ष और बढ़ गई।

लॉर्ड रीडिंग की नियुक्ति पर यह विकट टिप्पणी थी :

> इंग्लैंड के प्रधान न्यायाधीश्वर लॉर्ड रीडिंग भारत में न्याय करने के लिए आए हैं, इसलिए जब तक न्याय के दम में दम बाकी रहेगा, तब तक ये भारत का पिंड नहीं छोड़ेंगे। उनके इस्तीफा की अफवाह गलत है।

और कायस्थ बन्धु भी जिसका मजा लेंगे, एक टिप्पणी :

> पटना हाईकोर्ट के प्रसिद्ध जज जस्टिस ज्वाला प्रसाद के सभापतित्व में गया जिले के कायस्थों का सम्मेलन होने वाला है। राजभक्ति के खयाल से जज साहब को इस बात का ध्यान रखना चाहिए कि कायस्थों के सुधार से सरकार के आबकारी विभाग की आमदनी मारी जाएगी।

'मतवाला' जब निकला, तब इसकी सामग्री के बारे में प्रबुद्ध जनों, लेखकों, पत्रकारों का क्या मत था, यह देख लेना चाहिए। अधिकतर लोगों ने इसे हँसी-मजाक, विनोद, दिल्लगी का पत्र माना। नमूने कुछ ये हैं :

'मनोरंजन इसका उद्‌देश्य है।' ['दैनिक भारत मित्र']
'सजीव भाषा में पाठकों के विनोदार्थ प्रकाशित किया गया है।' ['दैनिक विश्वामित्र']
'खूब मनोरंजन हुआ।' [पं. महावीर प्रसाद द्विवेदी]
'मतवाला' की सब संस्थाएँ रोचक हैं।' [श्रीधर पाठक]
'पत्र क्या है—हँसाने वाला, पूरा विदूषक है।' ['देश', पटना]

पर बहुत लोगों ने 'मतवाला' का सही प्रयोजन भी समझा। सबसे महत्त्वपूर्ण टिप्पणियाँ 'कर्मवीर' में पंडित माखनलाल चतुर्वेदी और 'प्रताप' में गणेश शंकर विद्यार्थी की हैं।

'कर्मवीर' ने मूल स्वर पकड़ा :

'राजनीतिक, सामाजिक, साहित्यिक समस्याओं पर प्रभावकारी रूप से लिखता है।'

‘प्रताप’ ने इससे आगे बढ़कर लिखा :

‘मजाक में आच्छादित करुणा (Suppressed Pathos) है।’

‘मतवाला’ लगभग साठ साल पहले निकलता था। मेरे लिए जरूरी था कि मैं उसके प्रकाशन की पृष्ठभूमि समझूँ और समझाऊँ। ‘मतवाला’ मंडल के लेखकों, पत्रकारों के राजनीतिक, सामाजिक, धार्मिक विश्वास बताऊँ। उनके व्यक्तित्व का आकलन करूँ। उनके अन्तर्विरोध भी इंगित करूँ। इसके बिना एक लम्बे युग के बाद ‘मतवाला’ में प्रकाशित सामग्री को सही रूप में नहीं समझा जा सकता।

‘मतवाला’ में स्तम्भ बहुत महत्त्वपूर्ण थे। ‘मतवाले की बहक’, ‘चलती चक्की’ और ‘चाबुक’ नियमित स्तम्भ थे। इनकी टिप्पणी तीखी और असरदार होती थी। ‘मतवाले की बहक’ पर डॉ. रामविलास शर्मा ने एक बहुत अच्छा लेख लिखा है। ‘चलती चक्की’ में टिप्पणीकार कोई समाचार उठाते थे और उस पर व्यंग्य टिप्पणी कर देते थे। कभी इसमें सिर्फ कटाक्ष होता था और कभी व्यंग्य, जिससे उस प्रश्न पर लेखक का मत प्रकट होता था। ये टिप्पणियाँ विविध विषयों पर होती थीं। राजनीतिक, सामाजिक, धार्मिक, नैतिक—सब तरह के समाचारों पर टिप्पणी होती थी। कुछ नमूने ‘चलती चक्की’ से पेश करता हूँ :

- विलायत के मॉर्निंग पोस्ट ने लिखा है कि ‘जो कुछ रियायतें अब तक भारतीयों के साथ की गईं, उनके कारण भारत में ब्रिटिश शासन निर्बल हुआ है।’ जनाब आली, जरा उन रियायतों की फेहरिस्त तो पेश कीजिए। विलायत और रियायत से सरोकार?
- पूना के फर्गुसन कॉलेज में एक ऐसे छात्रावास की व्यवस्था की गई है जिसमें सब जाति के बालक एक साथ रहेंगे।

यह समाचार सुनकर कहीं काशी के पंडितों के पेट में दर्द न पैदा हो जाए।

- जलेसर (जिला एटा) के मुसलमान बड़े प्रेम से रामलीला में शामिल हुए थे। उनकी ओर से राजगद्दी के दिन श्रीरामचन्द्र जी को नजरें भी दी गई थीं। शाहजहाँपुर, सहारनपुर और नागपुर के मुसलमानों का धर्म है कि जलेसर के मुसलमान भाइयों को 'काफिर' करार दे दें।
- अर्ल विंटरसन साहब ने भगवान भोजन भट से कहा है कि भारतवासियों से बढ़कर मित्रता, सहृदयता और स्वागत का भाव दर्शाने वाले मनुष्य किसी देश में नहीं हैं। कैसे हों? और किसी देश के लोगों का इस तरह अर्क भी तो नहीं चुवाया जाता।
- आगरा के एक हत्यारे ने सेठ को मारने के बदले भ्रमवश उसके नौकर को मार डाला। सिठानी की तरह हत्यारा भी भ्रम में पड़ गया।
- दिल्ली के हिन्दुओं ने अछूतों को अपने कुओं में पानी भरने की आज्ञा दे दी। काशी के पंडितों को चाहिए कि फौरन जाकर दिल्ली के कुओं में गिर पड़ें क्योंकि बिना सत्याग्रह के खाली धर्मोपदेश से अब हिन्दू सीधी राह पर नहीं आएँगे।

लेखकों का सचेत और सतर्क दायित्व

मित्रो और साथियो,

सन् 1981 में जगदलपुर में हमारा सम्मेलन हुआ था। अब 1985 में बिलासपुर में हो रहा है। इससे यह तथ्य सामने आता है कि छत्तीसगढ़ क्षेत्र में बहुत जागृति है तथा हमारे संगठन की इकाइयाँ बहुत सक्रिय हैं। बिलासपुर तथा क्षेत्र की इकाइयों के साथियों को मैं सम्मेलन आयोजित करने के लिए बधाई देता हूँ।

जिन हालात में यह सम्मेलन हो रहा है, उनके प्रति हम सचेत हैं। अन्तरराष्ट्रीय क्षेत्र में पूँजीवाद लगभग उन्माद की स्थिति में पहुँच गया है। अमेरिका जो 'स्टार वार' कार्यक्रम पर अमल कर रहा है, वह मनुष्य जाति के सम्पूर्ण नाश की भूमिका है। रूस द्वारा प्रस्तावित निःशस्त्रीकरण और शान्ति की सन्धि को वह षड्यंत्र मानता है। उसके लिए सौ से ऊपर गुटनिरपेक्ष देश भी दुश्मन हो गए हैं। यूनेस्को से वह हट गया है और संयुक्त राष्ट्र को भी वह अपना विरोधी मानता है। पहले जिमी कार्टर ने और फिर रोनाल्ड रीगन ने यह बात कही है कि राष्ट्रसंघ हमारी जमीन

पर हमारे पैसे से चल रहा है और वर्ग-द्वेष पैदा कर रहा है। वास्तव में अन्तरराष्ट्रीय क्षेत्र में वर्ग-संघर्ष चल रहा है। एक तरफ गरीब विकासशील देश हैं, तो दूसरी तरफ अमेरिका तथा दूसरे पूँजीवादी-साम्राज्यवादी देश। गरीब विकासशील देशों की स्वाधीनता और विकास को रूस तथा अन्य समाजवादी देशों का समर्थन प्राप्त है। इस समय जरूरत है शान्ति आन्दोलन को तीव्रतर करने की। पश्चिमी यूरोप और अमेरिका में शान्ति आन्दोलन जन-आन्दोलन हो गया है। हमें भारत में भी शान्ति के आन्दोलन को व्यापक जन-आन्दोलन बनाना चाहिए।

हमारे अपने देश में इस बीच में बहुत कुछ हो गया। प्रधानमंत्री इन्दिरा गांधी की हत्या उनके ही उन्मादी सिक्ख रक्षकों ने कर दी। जो आन्दोलन धर्म या पंथ के नाम से चलेगा, इसका प्रधान कार्यालय, मन्दिर-मस्जिद या गुरुद्वारा होगा। धर्म के नाम पर जब शपथ दिलाई जाने लगेगी और राजनीतिक-आर्थिक माँगों के लिए संघर्ष को 'धर्मयुद्ध' कहा जाएगा, तो वह आन्दोलन फासिस्ट हो जाएगा। इस फासिस्टवाद से ही आतंकवाद पैदा हुआ है, जिसे विदेशों का समर्थन प्राप्त है। अभी भी यह आतंकवाद सक्रिय है।

उधर गुजरात में आरक्षण-विरोधी आन्दोलन को साम्प्रदायिक मोड़ दे दिया गया और वहाँ पिछले दस महीनों से साम्प्रदायिक हिंसा हो रही है। ये छुटपुट हिंसा की वारदातें नहीं, सुनियोजित षड्यंत्र हैं और साम्प्रदायिक प्रतिक्रियावादी ताकतें इन्हें चला रही हैं। आज साम्प्रदायिकता व जातिवाद पहले से कहीं अधिक हैं।

शिक्षा से हम मध्ययुगीनता और कुसंस्कारों से मुक्त नहीं हुए। शिक्षा के सबसे ऊँचे केन्द्र विश्वविद्यालयों में आचार्यों के जातिवादी गुट हैं। 100 में से 95 अध्यापक, चाहे वे आधुनिक विज्ञान पढ़ाते हों, 18वीं सदी में रहते हैं। उनमें वैज्ञानिक दृष्टि नहीं है, वे तर्कहीनता के शिकार हैं। पुराने

कुसंस्कार, अन्धविश्वास व कर्मकांड उन्हें अपनी गिरफ्त में किये हैं। ये अध्यापक अपने छात्रों को आखिर कैसे आधुनिक बनाते होंगे? नतीजा यह है कि जिस नई युवा पीढ़ी से हम आधुनिक दृष्टि के आचरण की आशा करते हैं, वही सबसे अधिक धार्मिक अन्धविश्वास में डूबी है।

सिक्ख साम्प्रदायिकता में सबसे आगे सिक्ख युवक हैं। मुसलमान साम्प्रदायिकता में मुसलमान युवक सबसे आगे हैं। हिन्दू साम्प्रदायिकता में हिन्दू युवक सबसे आगे हैं। यह कैसी शिक्षा है?

हमारे केन्द्रीय शिक्षा मंत्री कहते हैं कि हम 'डेमोक्रेटिक इलीट' बनाएँगे। उनका क्या मतलब है? क्या वर्तमान शासन एक उच्चवर्गीय शासक वर्ग पैदा करना चाह रहा है? वह क्या एक राजवंश बना रहा है?

कुल मिलाकर ऐसा लगता है कि शिक्षा का जनतंत्रीयकरण रोका जा रहा है। हमें इस तरफ ध्यान देना चाहिए। हमें विघटनकारी साम्प्रदायिक, पुरातनवादी व अन्धविश्वासी शक्तियों से संघर्ष करना चाहिए। न जाने प्रधानमंत्री 18वीं सदी की मानसिकता वालों को लेकर 21वीं सदी में जाकर क्या करेंगे!

एक अच्छी बात यह है कि नये प्रधानमंत्री ने उसी विदेश नीति को अपनाया है, जिसकी नींव पंडित नेहरू ने डाली थी। पहले उन्होंने शंकाएँ पैदा कीं, परन्तु उनकी मास्को व वाशिंगटन की यात्राओं के बाद यह तय हो गया कि समाजवादी देशों से मित्रता, गुटनिरपेक्षता व साम्राज्यवाद-विरोध की नीति पर वे अपने नाना व माँ की तरह ही चलेंगे। आर्थिक क्षेत्र में किसी खास परिवर्तन की आशा नहीं है। समाजवाद लगभग भुला दिया गया है। मालूम होता है कि हमारे शासक वर्ग पश्चिमी यूरोप का कल्याणकारी राज्य (वेलफेयर स्टेट) भारत में भी लाना चाहते हैं। इसमें पूँजीवाद सुरक्षित रहता है। गरीबों के लिए कुछ कल्याणकारी कार्य कर दिये जाते हैं और पढ़े-लिखे मध्यवर्ग को खुश रखा जाता है।

अपने इस संगठन का काम साहित्य-रचना के साथ ही लोक-शिक्षण भी है। हमें अपने दायरे में जनसामान्य से सम्पर्क रखना चाहिए व उन्हें शिक्षित करना चाहिए। सामान्य जन को हम वैज्ञानिक दृष्टि दें व अन्धविश्वासों से मुक्त करें।

प्रगतिशील लेखन की पत्रिकाएँ अच्छी निकल रही हैं और हमारे समय का वास्तविक प्राणवान साहित्य इन पत्रिकाओं में ही है। पर कुछ खतरे हैं, जिनसे न केवल भारत में, बल्कि दूसरे देशों में भी प्रगतिशील साहित्य-रचना को नुकसान हुआ है—सबसे बड़ा खतरा प्रगतिशील साहित्य में है एकरूपता व एकरसता का। यह मानसिक आलस्य और 'कंडीशंड संवेदना' से होता है। हमें जीवन को सम्पूर्णता में लेना चाहिए, अनुभव व्यापक होना चाहिए, अनुभूतियाँ विविध होनी चाहिए। अनुभूतियाँ सबकी लगभग वही होती हैं। वह दृष्टि है, जो किसी रचना को प्रगतिशील व प्रतिगामी बनाती है। हमें जीवन की वास्तविकता को समझना चाहिए व उसके प्रति ईमानदार होना चाहिए। कुछ लोग कल्पना से वास्तविकता की रचना करते हैं—इस वास्तविकता का समाज में अस्तित्व ही नहीं है। वे अपनी रचना से अपनी इच्छा-पूर्ति करते हैं। कुछ अराजकता में चले जाते हैं, जो आसान रास्ता है। कुछ क्रान्ति करा देते हैं, जिसकी परिस्थितियाँ ही अभी नहीं हैं। दो तरह की अतिरेकीय रचनाएँ देखने को मिलती हैं—एक तरह की रचना पढ़ने से मालूम होता है कि देश में सब कुछ नष्ट हो गया। दूसरी तरह की रचनाएँ बताती हैं कि क्रान्ति दरवाजे पर खड़ी है। दोनों ही झूठ हैं। न सर्वनाश हुआ है और न ही क्रान्ति दरवाजा खटखटा रही है।

कभी-कभी खतरा संगठन व सिद्धान्तशास्त्री से भी पैदा होता है। हमारे देश में ही नहीं, दूसरे देशों में भी यह स्थिति आन्दोलन में आई है कि संगठन में रचना-विरोधी प्रवृत्ति आ गई है। सिद्धान्तशास्त्री डिक्टेटर

बनकर मनचाही रचना करवाना चाहते हैं। हमें इन दोनों से रचना की रक्षा करनी है। हमें बर्तोल्त ब्रेख्त का ध्यान रखना चाहिए, जिसने लूकाच सरीखे सिद्धान्तशास्त्री से कह दिया कि तुम रचना-विरोधी हो। हम तुम्हारी बात नहीं मानेंगे। ब्रेख्त ने नेताओं से भी कह दिया कि अपनी सीमा में रहिए, हमें हुक्म मत दीजिए। हम भी विचारवान हैं। हम विचार व विवेक से लिख रहे हैं। आप लोगों का हस्तक्षेप हमें कतई बर्दाश्त नहीं।

मेरा जोर देकर आग्रह है कि हम सबसे अधिक ध्यान रचना पर दें। उसे सृजन विरोधियों से बचाएँ, क्योंकि हमें अपने अपेक्षित संघर्ष को धार देनेवाली संवेदना के लिए और मनुष्य का बेहतर भविष्य रचने के लिए यह अनिवार्य है।

मुझे अधिक नहीं कहना है—इन कुछ शब्दों के साथ मैं अध्यक्ष पद से मुक्त होता हूँ।

एक भौचक बुद्धिजीवी का प्रलाप

इस समय देश का सोच-समझ वाला आदमी उस मानसिक हालत में है, जिसे 'भौचक' होना कहते हैं। देश में क्या गड़बड़ हो गया और क्यों?

सबसे बड़ा सवाल आर्थिक दुरवस्था का है। कृष्ण मेनन ने सही कहा था, "The rich are getting richer but the poor are not getting poorer, because they can not."

कांग्रेस की केवल भावनात्मक अपील के साथ गांधी जी का रचनात्मक कार्यक्रम जरूर था, परन्तु समाजवाद का वैज्ञानिक उद्‌देश्य सन् 1930 में जवाहरलाल नेहरू ने लाहौर कांग्रेस में अध्यक्ष पद से भाषण देते हुए दिया था।

1938 और 1939 में नेहरू और सुभाषचन्द्र बोस ने योजना आयोग बनाए थे। स्वाधीनता के बाद हालत यह थी कि जन नेता तो समाजवादी नेहरू थे, पर संगठन दक्षिणपंथियों के हाथ में था। इसलिए 1947 के बाद पाँच-सात साल 'समाजवाद' शब्द के उच्चारण में कांग्रेस तुतलाती रही। पर पहली ही पंचवर्षीय योजना में सार्वजनिक उद्योग क्षेत्र खोल

दिया गया था। नेहरू कहते थे कि जब मैं समाजवाद की बात करता हूँ, तब भावात्मक और हवाई समाजवाद की बात नहीं, वैज्ञानिक समाजवाद की बात करता हूँ। वैज्ञानिक समाजवाद फ्रेडरिक एंगेल्स के शब्द हैं, यानी मार्क्सवादी सिद्धान्त के अनुसार समाजवाद हुआ, पर वह हुआ नहीं।

अर्थशास्त्री कहते हैं कि पं. नेहरू वास्तव में इंग्लैंड के 'फेबियन' समाजवादियों से बहुत प्रभावित थे, विशेष कर हेराल्ड लस्की और जार्ज बर्नार्ड शॉ से। दिलचस्प बात यह है कि बर्नार्ड शॉ ऐसे समाजवादी थे, जो आयकर के खिलाफ थे। उन्हें बहुत रॉयल्टी मिलती थी और वे आयकर देना नहीं चाहते थे, फिर नेहरू ब्रिटिश संसदीय पद्धति पर मोहित थे। यह भी सही है कि मार्क्सवाद का अध्ययन उन्होंने किया था और काफी हद तक वे मार्क्सवादी सिद्धान्तों से विश्लेषण करते थे। पर वे 1951 में ही कह चुके थे कि मार्क्स के सिद्धान्त उन्नीसवीं सदी के हैं, जब औद्योगिक क्रान्ति अपने बचपन में थी। वे जैसे के तैसे अब लागू नहीं किये जा सकते। उन्होंने संसद में आलोचना का उत्तर देते हुए बड़े तैश में कहा था, "We will not do anything to satisfy a sentence in a text book written hundred years ago."

इस तरह का समाजवाद नेहरू का था, जिसमें वर्ग-संघर्ष को नकारा गया है और संसदीय पद्धति से आर्थिक परिवर्तन लाने की कल्पना है। नेहरू कहते थे, "The Public sector will grow and reach commanding height in Indian economy."

मगर आज हाल यह है कि दो मंत्रियों—वसन्त साठे और के.के. तिवारी—में बहस चली है कि सार्वजनिक उद्योग क्षेत्र सफल हुआ या असफल और उसकी उपयोगिता है भी या नहीं? और अभी मैंने अखबार में सरकार का बयान पढ़ा कि औद्योगिक घरानों पर छापे नहीं मारे जाएँगे तथा पिछले एक-डेढ़ वर्ष में जो छापे मारे गए, उन पर आगे कार्रवाई नहीं होगी। मेरे जैसा आदमी सचमुच भौचक है।

मैं अर्थशास्त्रियों से पूछता हूँ कि आखिर क्या सरकार पश्चिमी यूरोप जैसी 'वेलफेयर स्टेट' बनाना चाहती है? अर्थशास्त्री कहते हैं कि ब्रिटिश अर्थशास्त्री केन्स (Keynes) का जो सिद्धान्त है, उसके आधार पर यह यूरोप जैसी 'वेलफेयर स्टेट' बने। पर केन्स समाजवाद नहीं चाहता था, बल्कि पूँजीवाद की रक्षा और विकास चाहता था। अर्थशास्त्र में राज्य का हस्तक्षेप और सबको काम—समाजवाद नहीं है, पूँजीवाद की रक्षा है। मैं पूछता हूँ कि क्या वर्ग-संघर्ष के बिना वैज्ञानिक समाजवाद की स्थापना हो सकती है? क्या रूसी या चीनी लाइन का वर्ग-संघर्ष भारत में हो सकता है? अर्थशास्त्री कहते हैं कि भारत में इनमें से कोई लाइन नहीं चल सकती। दूसरी बात यह है कि किसी देश में वर्ग-संघर्ष करके क्रान्ति नहीं करने दी जाएगी। जब कम्पूचिया और निकारागुआ जैसे छोटे-छोटे देशों में अन्तरराष्ट्रीय पूँजीवाद का हस्तक्षेप है और अन्तरराष्ट्रीय साम्यवाद का समर्थन है, तो अस्सी करोड़ के महादेश भारत में समाजवादी क्रान्ति नहीं करने देंगे—चाहे इसके लिए तीसरा महायुद्ध हो जाए। मैं उनसे कहता हूँ, तो वर्ग-संघर्ष का कोई तीसरा रास्ता आप लोग खोजिए। अर्थशास्त्री कहते हैं—मान लीजिए, मार्क्स की यह बात मानें कि पूँजीवाद के नाश के बीज उसी में होते हैं, तो स्थिति यह है कि तीसरी दुनिया के पूँजीवाद का विकास उस हद तक कहाँ हुआ है कि वह अन्तर्विरोधों से नष्ट हो जाए?

'गरीबी हटाओ' तथा पाँच, दस और बीस-सूत्री कार्यक्रमों के बावजूद गरीबी सिर्फ भ्रष्टाचारियों की मिटी है। इस बात पर कई लोग कहते हैं, हमारे देश के लोगों में चरित्र नहीं है। चरित्र भोले नैतिकतावादियों का भी नारा है और फासिस्टों का भी। मैं जोर देकर कहता हूँ कि चरित्र फासिस्टों का नारा है। किसी भी आदमी के भीतर सच्चरित्रता और दुष्चरित्रता की बिजली की बटनें नहीं लगी हैं, जिसे सदाचार या भ्रष्टाचार कहते हैं। वह व्यवस्था से आता है। इससे भी अधिक वह मूल्य-पद्धति (value system) से आता है।

हमारे देश में प्राचीन काल से एक विकसित होती हुई स्वस्थ मूल्य-पद्धति चली आ रही है—सांस्कृतिक मूल्य-पद्धति। इस मूल्य-पद्धति के केन्द्र में मनुष्य और उसका मंगल है। मेरी माँ पढ़ी-लिखी नहीं थीं, पर वह भगवान की आरती के बाद हाथ जोड़कर कहती थीं—हे प्रभु, सबको भलौ करियो और तिनके पीछे हमारौ भलौ करियो। पूँजीवाद अपनी उपभोक्ता नीति से पहले मनुष्य की जीवन-पद्धति बदलता है। महँगी जीवन-पद्धति। इसके लिए धन चाहिए। तो वह मूल्य-पद्धति बदलता है, जिसके केन्द्र में मनुष्य की जगह पैसा होता है। 1947 के बाद हमारे यहाँ धीरे-धीरे अपनी मूल्य-पद्धति खत्म होती गई। गांधी जी की नैतिकतावादी मूल्य-पद्धति भी खत्म होती गई और यह नई मूल्य-पद्धति उसका स्थान लेती गई। अचरज है कि गांधी जी की नैतिकता की शक्ति इसे रोक नहीं पाई। खुद गांधीवादी इस चक्कर में फँस गए। तीसरी दुनिया के उन सभी देशों में, जहाँ क्रान्तिकारी परिवर्तन नहीं हुए, यही हो रहा है। और हम सांस्कृतिक जीवन-मूल्य-पद्धति छोड़कर सिर्फ तकनीक लेकर आगे बढ़े, तो पूरी व्यवस्था का अमानवीकरण होगा। मूल्य-पद्धति के केन्द्र में पैसा होगा। तब यूनियन कार्बाइड हत्याकांड जैसे कांड मामूली होंगे—दो-तीन हजार आदमी मरे न! कोई बात नहीं है। आदमी मरते ही रहते हैं। मुनाफा तो हुआ।

हमारी राजनीतिक पद्धति का कहाँ तक विकास हुआ है? राष्ट्रीय पार्टियों में सबसे बड़ी कांग्रेस है और वह केन्द्र में सत्ता में है। बाकी आधे देश में कांग्रेस का शासन नहीं है। केन्द्र में एक पार्टी की सरकार हो और राज्यों में दूसरी पार्टियों की—यह कोई बुरी बात नहीं है। पर राज्यों में कोई विपक्षी राष्ट्रीय पार्टी की सरकारें नहीं हैं। रामकृष्ण हेगड़े को अगर मान लो, तो जनता पार्टी को राष्ट्रीय पार्टी मानना होगा। कोई विश्वसनीय राष्ट्रीय विकल्प नहीं है। बंगाल और त्रिपुरा में वामपंथी दल जड़ों (Grass root level) तक हैं, तो वहाँ वामपंथी सरकारें हैं। अन्ना

डी.एम.के. कोई फिल्मी पार्टी नहीं है। द्रविड़ कषगम आन्दोलन के नेता राम स्वामी नाइकर 'पेरियार' क्रान्तिकारी विचारों के थे। उच्च वर्ग और वर्ण के विरोधी थे। वे 1923 में रूस गए थे और लौटकर रूस जैसी क्रान्ति की वकालत करते थे। ए.डी.एम.के. कार्यक्रम वाली पार्टी है। इसकी जड़ें जनता में हैं। यह रामचन्द्रन और जयललिता की फिल्मी छवि के कारण चल रही पार्टी नहीं है।

मगर और जगह? जिसकी आशाएँ विफल हो चुकी हैं और जिसकी आस्था कांग्रेस में नहीं रही, वह क्या करे? डॉक्टरों और मरीजों से निराश रोगी क्या करता है? वह फकीरों का ताबीज और गंडा बाँधता है। एन.टी. रामराव क्या हैं? वे एक राजनीतिक ताबीज हैं। गंडा हैं, जिसे आन्ध्र के लोगों ने भुजा पर बाँध लिया है। एक अर्थ में असम के छात्र नेता मुख्यमंत्री प्रफुल्ल कुमार महन्त भी ताबीज हैं। कर्नाटक में हिन्दी विरोधी, कन्नड़ समर्थक गोकूल आन्दोलन का नेतृत्व कौन करते हैं? बुद्धिजीवी नहीं। अभिनेता राजकुमार। ये सांस्कृतिक ताबीज हैं। केरल में भी एक फिल्म हीरो प्रेम नजीर हैं, जो यही महत्त्वाकांक्षा रखते हैं। हर क्षेत्र में सिद्धान्त नहीं, कार्यक्रम नहीं, स्थापित नेतृत्व नहीं। तो नेतृत्व कर रहे हैं ये गंडे और ताबीज।

आज विघटनकारी और पृथकतावादी ताकतें खूब बढ़ती पर हैं। क्षेत्रवाद, भाषावाद, सम्प्रदायवाद, नस्लवाद लगातार बढ़ते गए हैं और इस समय खतरनाक स्थिति में हैं। हमने संघ राज्य बनाया। भारतीय समाज में जितनी विविधताएँ और अन्तर्विरोध हैं, उतने किसी और समाज में नहीं। इसलिए जरूरत इस बात की थी कि सारे राजनीतिक दल, बुद्धिजीवी और शिक्षण संस्थाएँ 'संघवाद' की भावना और उपयोगिता में लोगों को शिक्षित करते। संघवाद की समझ और 'स्पिरिट' लोगों में आनी थी। ठीक इससे उलटा किया गया। राजनीतिक दलों ने छोटे-बड़े स्वार्थों के लिए सम्प्रदायवाद, क्षेत्रवाद, भाषावाद, नस्लवाद को लगातार बढ़ावा दिया।

इसके लाभ कुछ लोगों को मिले, पर इस समय हालत यह हो गई है कि जैसे हर जिला एक स्वतंत्र राष्ट्र होना चाहता है! बुद्धिजीवी गैर-जिम्मेदार हो गए और समाज से कट गए। शिक्षा में कोई परिवर्तन नहीं हुआ।

अलगाव, पृथकतावाद और सम्प्रदायवाद को बढ़ाने की एक मनोवैज्ञानिक प्रक्रिया होती है। नेता किसी समूह से कहते हैं—तुम्हारी हालत खराब है। तुम्हारा विकास नहीं हो रहा है। मगर इस दुरवस्था का कारण क्या है? वह दूसरा सम्प्रदाय—उसके कारण तुम अन्याय के शिकार होते हो। एक हो जाओ और अलग हो जाओ। उस समूह से नफरत करो। अपना अलग अस्तित्व होगा, अपनी सत्ता होगी, तो हम अपना भला कर लेंगे। हिन्दू साम्प्रदायिक नेता कहते हैं—हिन्दुओ, तुम्हारी खराब हालत का कारण विधर्मी, खास कर मुसलमान हैं। तुम उनसे नफरत करो और एक हो जाओ। हिन्दुओं में एकता चाहिए। यह भावात्मक अपील होती है मगर हिन्दू एक कैसे हो जाएँ? ठाकुर हरिजनों के घरों को जलाकर उन्हें फूँक देता है। दोनों हिन्दू हैं। ये एक कैसे हो जाएँ? फिर हिन्दू एक हो गए तो टाटा कैसे पैदा कर लेंगे? क्या दहेज-प्रथा एकदम खत्म हो जाएगी? क्या हिन्दू, हिन्दू का शोषण नहीं करेगा?

इसी तरह का प्रचार मुस्लिम साम्प्रदायिक नेता मुसलमानों में करते हैं। उधर हिन्दू धर्म पर विपत्ति आई है, तो इधर इस्लाम खतरे में है।

धर्मान्धता और साम्प्रदायिकता के साथ ही पुनरुत्थानवाद जोरों से उभारा जा रहा है। सीतामढ़ी (बिहार) से रथ में राम-जानकी की मूर्तियाँ अयोध्या तक तामझाम और उन्मादी जन-समूह के साथ आती हैं—राम-जानकी रथ-यात्रा। शाहबानो के मामले के बाद से मुसलमानों में पुनरुत्थानवाद और जोर से लाया जा रहा है। पुनरुत्थानवाद और मिथ्या 'तत्त्ववाद' (fundamentalism) सामाजिक प्रगति के शत्रु हैं। पूँजीवादी ताकतें अपनी जीवन-रक्षा के लिए इन प्रवृत्तियों को बढ़ावा दे

रही हैं। वास्तव में भारत में इतिहास की एक स्टेज गायब हो गई। यूरोप में विज्ञान के साथ जैसे पुनर्जागरण (रिनेसांस) आया, वैसा भारत में नहीं आया। शंकराचार्य के बाद जब जगत मिथ्या हो गया, तब दर्शन, कर्मकांड, काव्य और विकृत पंथवाद के सिवा कुछ हुआ नहीं। एक प्रकार के नकार ने जीवन को ग्रस्त कर लिया। भक्ति-आन्दोलन ने और तुलसीदास, सूरदास, कबीर जैसे कवियों ने जरूर सकारात्मक चेतना की आस्था जमाई और मानवीयकरण फिर किया। मगर ईस्ट इंडिया कम्पनी के आने और फिर भाप की शक्ति के आने के बाद भी इस देश के बुद्धिमानों को समझ नहीं आई।

सिर्फ बंगाल में राजा राममोहन राय ने इस बात को समझा कि सांस्कृतिक बुनियाद पर खड़े रहकर पश्चिम से आ रहे इस नये ज्ञान-विज्ञान को स्वीकार करना चाहिए। राजा राममोहन राय ने 'पुनर्जागरण' किया और इसीलिए वहाँ वामपंथी विकल्प है, प्रगतिशील मानसिकता है। ज्योति बसु की सरकार राजा राममोहन राय की ही है।

इधर बाकी भारत के हिन्दुओं में पूज्य स्वामी दयानन्द ने सुधार तो किये, पर पुनरुत्थानवाद जगाया। वैदिक काल में ले गए। राजा राममोहन राय कहते थे कि पश्चिम से यह नया ज्ञान-विज्ञान जा रहा है, इसे ग्रहण करो। दयानन्द कहते थे कि नया कुछ नहीं है। ज्ञान-विज्ञान तो वैदिक साहित्य में है। इस कारण बाकी भारत में पुनर्जागरण नहीं हुआ। जवाहरलाल जैसे नेताओं और बुद्धिवादियों ने इस काम को करने की कोशिश की। केरल में ईसाई मिशनरी दूसरी शताब्दी में ही आ गए थे। तभी से दक्षिण के उस छोटे-से हिस्से का सम्बन्ध यूरोप से जुड़ा था। सत्रहवीं सदी तक तो अपने सारे दकियानूसीपन के बावजूद सम्पत्ति उत्पादन में, कारीगरी में, दस्तकारी में, उद्योग में भारत यूरोप से आगे था। यहाँ 'जगत सेठ' होते थे, जिनके पास इतना पैसा होता था, जितना बैंक ऑफ इंग्लैंड

में भी नहीं होता था। एक 'जगत सेठ' दस ईस्ट इंडिया कम्पनी खरीद सकता था। पर पुनर्जागरण न होने से हम पिछड़ गए।

आज बात की जा रही है कि राष्ट्रीयता और राष्ट्रीय एकता खतरे में है। जिस रास्ते पर हम चले, उससे यहाँ पहुँचना ही था। हमने समझा कि राष्ट्रीय एकता केवल भावनात्मक होती है। केवल 'भारत माता की जय' राष्ट्र को एक रखेगी, यह गलत खयाल था। दूसरी महत्त्वपूर्ण चीजें भी हैं, जिनमें सबसे महत्त्वपूर्ण हैं—आर्थिक सम्बन्ध, अर्थ-व्यवस्था।

'खालिस्तान' की बात तो सब जानते हैं। पर आज यह हाल है कि तमिलनाडु के मंत्री रामचन्द्रन कहते हैं कि हम तमिल पहले हैं, भारतीय बाद में। कुछ साम्प्रदायिक मुसलमान नेता कहते हैं कि हम मुसलमान पहले हैं, भारतीय बाद में। केरल के एक ईसाईपंथी जहोवाज विटनेरोज कहते हैं कि हमारा धर्म हमें जन-गण-मन गाने से मना करता है। और हिन्दुओं की बात तो छोड़िए! सारे विदेशी आक्रमणकारी हिन्दुओं ने ही बुलाए थे। महमूद गजनवी की सेना में आधे से अधिक हिन्दू थे, और विदेशों के लिए जासूसी करने में जो पकड़े जाते हैं, वे ज्यादातर शर्मा जी और पांडे जी और तिवारी जी होते हैं। दो साल पहले पाँच जासूस पकड़े गए थे, जिनमें तीन शर्मा जी और पांडे जी थे। कबीर ने कहा है, "पांडे कौन कुमति तोहि लागी।"

बढ़ती गरीबी और भुखमरी, दूसरी तरफ लगातार शोषण करने और मुनाफा कमाने वाला वर्ग, बीच में भ्रष्टाचार से सम्पन्न और प्रतिष्ठित हुए लोग, सब कहीं टूटन, हिंसा का वातावरण, प्राइवेट फौजें, नफरत, मूल्यों का विघटन, राजनीतिक विडम्बनाएँ, संस्कृति का चीरहरण—ऐसे हालात हैं। और प्रधानमंत्री इक्कीसवीं सदी में जाने का नारा दे रहे हैं। मुझ जैसे लोग निराश तो नहीं, पर चिन्तित बहुत हैं। कह देते हैं, लिख देते हैं—मगर कभी-कभी सोचते हैं कि यह अरण्य-रुदन तो नहीं है?

दहेज और वधू मेध-यज्ञ

एक सज्जन उस दिन अपनी लड़की की शादी का निमंत्रण-पत्र देने आए। बातचीत में मैंने कहा, "मैंने सुना है कि आपकी जाति में दहेज तय नहीं किया जाता? विवाह-मंडप जगह-जगह बने हैं और बड़े सुभीते से शादी हो जाती है। यह बहुत अच्छी बात है कि आप लोग दहेज की महामारी से बचे हैं।"

यह सुनकर वे सज्जन चुप हो गए और उदास हो गए।

जिस जाति की मैं बात कर रहा हूँ, उसमें विकट अन्तर्विरोध है। यह जाति गणेशोत्सव में गणेश की मूर्ति के हाथ में क्रिकेट का बल्ला रखती है, मगर हिन्दू पुनरुत्थानवाद भी इसी जाति से आ रहा है और यह देश को दूध-दही की नदियाँ के तथा सोने के फलों के पेड़ों के प्राचीन 'यूटोपिया' (कल्पना लोक) में ले जाना चाहती है।

वे सज्जन चुप और उदास बैठे रहे।

कुछ देर बाद बोले, "आपने जो सुना है, अच्छा ही सुना है—हम लोगों के बारे में। पर हकीकत दूसरी है। आपसे कहना नहीं चाहिए, पर

कहे बिना रहा भी नहीं जाता। मैंने जिस परिवार में लड़की की शादी तय की है, वह उच्च शिक्षा-प्राप्त परम आधुनिक है। मुझसे वर के पिता ने कहा था, "हमें अच्छी वधू चाहिए, सो हमें मिल रही है। हमें और कुछ भी नहीं चाहिए।" तो हमारा परिवार बहुत खुश था। फिर भी हमने हैसियत के मुताबिक देने का प्रबन्ध किया। अभी आठ-दस दिन पहले वर के पिता का रजिस्टर्ड पत्र मिला कि 'हमें पन्द्रह तोला सोना चाहिए, वरना सम्बन्ध टूटा समझिए। तार से सूचित कीजिए।' अब देखिए, रिश्तेदारों को हमने सूचित कर दिया। शादी का सामान खरीद लिया। यानी उन्होंने हमें पूरी तरह फँसाकर तब पन्द्रह तोले की माँग कर दी। ऐसा ही हुआ कि डाकू लड़के को उठा ले गए और उससे बाप को चिट्ठी लिखवाई यातना देकर कि बाबूजी, पच्चीस हजार अमुक को देकर मेरी जान बचा लो। खैर, हमने किसी तरह पन्द्रह तोले सोने का इन्तजाम किया। बरबाद हो गए। परिवार में मातम छाया है। सब डरे हैं कि ऐन मौके पर वे लोग कुछ और न माँग बैठें। हमारी हालत वह लड़की देख रही है और रोती है। वह आत्म-ग्लानि से मरी जा रही है कि मेरे कारण परिवार पर यह संकट आया। वह डबल एम.ए. है, समझदार और संवेदनशील है।"

उनकी आँखें भर आईं।

मैंने कहा, "बड़े नीच लोग हैं। आप उस चिट्ठी का सबूत लेकर मुकदमा कर दें, तो 'एंटी डावरी एक्ट' में उन्हें जेल की सजा हो जाएगी।"

उन्होंने कहा, "उन्हें सजा तो हो जाएगी। मगर यह लड़की तो रह जाएगी। फिर इससे छोटी दो और हैं। उन्हें कोई नहीं पूछेगा। उस आदमी की लड़की से शादी की बात कोई नहीं करेगा, जो वर के बाप को जेल भेजता है।"

मैं उन सज्जन की बात से न चौंका, न खास संवेदनाग्रस्त हुआ। दहेज की माँग और लड़की के बाप की यातना को हमने स्वीकार किया है।

यह आम बात हो गई। हमें गुस्सा नहीं आता। हमें जातीय पतन पर ग्लानि नहीं होती। हमारी संवेदना भोथरी हो चुकी। दिल्ली के अखबार पढ़ता हूँ, तो रोज दो-तीन वधू-दहन के समाचार मिलते हैं। स्थानीय अखबारों में भी दो-तीन बहुएँ जलने के समाचार मिलते हैं। एकाध साल में हम इसके भी अभ्यस्त हो जाएँगे। बहुएँ तो जलती रहती हैं। बहू पच्चीस हजार लाई है। दस हजार में यह जलाकर मार डाली जा सकती है। वकील को चार हजार दो, तो वह जलाने की विधि बता देगा, तीन हजार पुलिस को। मृत्युपूर्व बयान नहीं होना चाहिए। आत्महत्या सिद्ध होनी चाहिए। कुल दस हजार का पूँजी निवेश (इनवेस्टमेंट) है और ये दस हजार भी गाँठ के नहीं, उसी स्त्री के दहेज के। पाँच-छह महीने बाद पचास हजार लेकर दूसरी शादी कीजिए। लड़की के बाप के दिये पैसे से ही उसे जलाकर मार डालो और मुनाफे में पचास हजार और दूसरी बीवी कमाओ। सबसे अच्छा धन्धा तो यह मनुष्य के नर-जानवर का है। सूअर तो एक ही बार चर्बी देता है, यह नर-मनुष्य जानवर एक से अधिक बार चर्बी देता है और जिन्दा रहता है।

इन खबरों के रोज छपने से, रोष व घृणा का वातावरण बनने से, कुछ संगठनों की सक्रियता से न्यायालय सचेत हुए हैं। वे परम्परा से हटकर फैसले देने लगे हैं। पुलिस और डॉक्टर भी डरने लगे हैं।

मगर साल भर तक अगर अखबारों ने इस 'वधू मेध-यज्ञ' का धुआँधार प्रचार किया, तो हमारा संवेदन भोथरा हो जाएगा। हम वधू के जलाने को उसी तरह निरपेक्ष भाव से ग्रहण करने लगेंगे, जैसे हरिजन की हत्या को। हरिजन की हत्या से अब हम कहाँ उद्वेलित होते हैं? दूसरे, लड़कियाँ शादी करने में डरेंगी। वे यह मान लेंगी कि वधू को जलाना आम बात हो गई है। मैं भी जलाई जाऊँगी। सही यह है कि हजार में नहीं, लाख-दो लाख में एक जलाई जाती है। मगर बर्दाश्त करने की चीज थोड़े ही है।

मैंने उन सज्जन का जिक्र किया है शुरू में, जिनकी आँखों में इसलिए आँसू आ गए थे कि वर के बाप ने पन्द्रह तोला सोना माँग लिया था। मगर मैंने उन्हें भी रोते हुए देखा है, जिनका दहेज बच गया। सरयूपारी ब्राह्मण हैं। लड़की के लिए वर खोजने उत्तर प्रदेश गए थे। मध्य प्रदेश का आदमी जब उत्तर प्रदेश वर खरीदने जाता है, तो उत्तर प्रदेश के लड़कों के 'डीलर' समझ जाते हैं कि मध्य प्रदेश में सप्लाई कम हो गई है, या यह उत्तर प्रदेश में सम्बन्ध करके अपनी शुद्धता और प्रतिष्ठा को फिर स्थापित करना चाहता है। मध्य प्रदेश वाले को सरयू नदी से दूर बस जाने की अशुद्धि के लिए पाँच हजार की 'पेनल्टी' (दंड) दहेज के आम रेट से ऊपर लगती है। तो मध्य प्रदेश जब उत्तर प्रदेश में लड़का खोजता फिरता है, तो वहाँ का 'मार्केट टाइट' हो जाता है। माल ब्लैक में चला जाता है।

खैर, सरयूपारी ब्राह्मण जब एक हाई स्कूल में अध्यापक का सौदा करके लौटे, तब तक लड़की ने अपने प्रेमी कायस्थ से अदालत में शादी कर ली थी, जो कॉलेज में लेक्चरर था। इन्होंने पुलिस में रिपोर्ट की। हल्ला किया। यह रस्म निभानी पड़ती है। कहना पड़ता है कि लड़की हमारे लिए मर चुकी। पर लड़की मैट्रिक का सर्टीफिकेट साथ ले जाती है, जिसमें जन्म की तारीख लिखी होती है। इससे वह बालिग सिद्ध होती है और पुलिस कुछ नहीं कर सकती।

ये सरयूपारी वृद्ध सज्जन मेरे पास आए। बहुत दुखी थे। क्रोधित भी। कहने लगे, "लड़की ने हमारा मुँह काला कर दिया। हमारे लिए वह मर चुकी। मेरा वश चलता, तो उस कायस्थ के बच्चे को जेल भेज देता।"

मैंने समझाया, "देखिए, वे अब पति-पत्नी हो चुके। अब छूट नहीं सकते। आप लड़की के लिए एक स्कूल मास्टर तय कर रहे थे, मगर

उसने और ऊँचे, कॉलेज के प्रोफेसर से शादी कर ली। यह खुशी की बात है। फिर अन्तर्जातीय विवाह होने लगे हैं। यह कोई बेइज्जती की बात नहीं रही। आप तीन महीने में इसे स्वीकार कर लेंगे, तो कटुता पैदा करने से क्या फायदा?"

वे भावुक हो गए। कहने लगे, "आप हमारा दर्द नहीं समझ सकते।"

वे रोने लगे।

तीन-चार महीने बाद मैं उनके घर गया। वे ठीक थे। चाय लेकर वही लड़की आई। वह मायके आई हुई थी। वह चली गई, तो मैंने उनसे कहा, "यह लड़की तो आपके लिए मर चुकी थी?"

वे बोले, "अरे परसाई जी, अपनी बेटी कहीं छोड़ी जाती है!"

मैंने कहा, "एक बात आप क्या महसूस नहीं करते कि इस लड़की ने आपका प्रॉविडेंट फंड बचा दिया? कितना उपकार किया है इसने आपका!"

वे मुस्कराने लगे।

एक और बड़ा उलझन का मामला आया। एक काफी परिचित सज्जन आए। बहुत उदास थे। कहने लगे, "लड़के ने हमें बरबाद कर दिया।"

मैंने कहा, "क्या हो गया? लड़का तो बहुत अच्छा है। झाँसी में नौकरी करता है न?"

वे बोले, "लड़के ने कोर्ट में प्रेम-विवाह कर लिया। उसने मेरी पीठ में छुरा भोंक दिया।"

मैंने कहा, "आप तो बड़े उदार विचारों के हैं। क्या लड़की अच्छी नहीं है? नीची जाति की है?"

उन्होंने कहा, "उसने फोटो भेजा है। लड़की बहुत अच्छी है। ब्राह्मण ही है। मगर इन प्रेम-विवाहों में दहेज कुछ नहीं मिलता।"

मैंने कहा, "आपने मुझे अचरज में डाल दिया। इतने सालों से आपको जानता हूँ। आप तो इन सब कुरीतियों के खिलाफ हैं। आपको क्या हो गया, जो आप दहेज के लिए मरे जा रहे हैं?"

उन्होंने कहा, "मैं दहेज के अभी भी खिलाफ हूँ। यह जातिघाती अभिशाप है। दहेज लेने से देने वाले परिवार के हर सदस्य का एक हिस्सा मरता है। दहेज माँगने पर तो फाँसी की सजा होनी चाहिए। मगर मेरी स्थिति पर गौर कीजिए। मुझे लड़की की शादी करनी है। पैसा मेरे पास है नहीं। दो-तीन जगह बात की। वे सब दहेज माँगते हैं। मैंने इस लड़के की शादी एक जगह लगभग तय कर रखी थी। वे तीस हजार रुपये नकद और कुछ सोना देते। इसे देकर मैं लड़की की शादी कर देता। यह मेरी योजना थी। मगर हमारे कुँवर साहब ने अपना प्रेम तो फलीभूत कर लिया, पर अपनी बहिन की जिन्दगी बरबाद कर दी। आप जरा समझिए कि मुझ जैसा दहेज-विरोधी आदमी लड़के के दहेज न लाने पर क्यों रो रहा है। उस लड़की की हालत देखिए। आपकी आँखों में भी आँसू आ जाएँगे।"

सचमुच उलझन की स्थिति थी। सीधी बात नहीं है कि जिससे प्रेम है, उससे शादी कर ली और दहेज को लात मार दी। वह जो बहिन इस आशा में बैठी है कि भैया का जो दहेज आएगा, उससे मेरे हाथ पीले होंगे, उसकी अब क्या गति होगी?

भयानक दुष्चक्र है यह। ज्यों-ज्यों काला धन बढ़ता जा रहा है, त्यों-त्यों दहेज की रकम और दायरा भी बढ़ता रहा है। तीस-पैंतीस साल पहले की स्थिति तो मुझे याद है। दहेज माँगा जाता था, तो संकोच के साथ, अपराध भाव के साथ। सीधा नहीं माँगा जाता था, रिश्तेदारों या मित्रों के द्वारा इशारा किया जाता था। अब तो वर का बाप रजिस्टर रखता है, जिसमें प्रस्तावित कीमतें लिखता है। लड़की का बाप आता

है, तो वर का बाप साफ कहता है, "इतने-इतने के ऑफर आ चुके हैं। आप क्या देंगे?" फिर मंडप में माँग की जाती है—'वेस्पा दो या उसकी कीमत, वरना लगन नहीं लगेगी।' आगे 'टेंडर' मँगाए जाएँगे और आगे मवेशी-बाजार की तरह 'वर-बाजार' भरेंगे। बछड़े के दाँत देखे जाते हैं, तो लड़के की तनखा पूछी जाएगी। तब नीलामी होगी।

पर तीस-पैंतीस साल पहले और बातें भी होती थीं। मरीज अस्पताल में भर्ती है। उसका भाई डॉक्टर के घर जाता था और कुछ रुपये भेंट करना चाहता था। डॉक्टर मना करता था—'नहीं-नहीं, मैं अपनी ड्यूटी कर रहा हूँ।' बड़ी मुश्किल से मनाने पर डॉक्टर पैसे लेता था। अब यह हाल है कि डॉक्टर को घर जाकर पैसा न दो, तो मरीज भर्ती ही नहीं होगा। भर्ती भी हो गया, तो तीन-चार दिन डॉक्टर उसकी तरफ नहीं देखेगा। मरीज का भाई डॉक्टर के घर पैसे देने जाएगा, तो डॉक्टर को मनाना नहीं पड़ेगा। डॉक्टर खुद हाथ से नोट झपट लेगा।

तीस-पैंतीस साल पहले हर सरकारी कर्मचारी के बारे में यह नहीं कहा जाता था कि यह भ्रष्टाचारी है। आज यह हाल है कि मैं किसी सरकारी अधिकारी के बारे में कहूँ कि वह भ्रष्टाचारी नहीं है, तो लोग विश्वास नहीं करेंगे।

तो क्या अंग्रेजी राज में हम अधिक नैतिक थे? नहीं, अंग्रेजों ने हमारी नैतिकता को गिराने की ही कोशिश की थी। बात एक तो यह है कि तब पूरी जाति स्वाधीनता में लगी थी, इसलिए त्याग, बलिदान, सदाचार जीवन-मूल्य थे। दूसरे, तब बिना कमाए काले धन का राज हमारे जीवन पर नहीं था। अब हर क्षेत्र में बिना कमाए काले धन का जोर है। राजनीतिक नेता भ्रष्ट हैं और पैसा जमा करते हैं, वरना ऐसा कैसे होता कि इस समय कई नेता दिल्ली में बैठे अपने धन से राजनीतिक पार्टियाँ चला रहे हैं? इन्होंने जिन्दगी-भर नौकरी की है—मंत्री की या संसद

सदस्य की। उस वेतन में से करोड़ों रुपये बचा कैसे लिये कि दिल्ली के ऊँचे किराये के बँगले में रहकर, ऐश की जिन्दगी जीकर, अकेले दम पर राष्ट्रीय राजनीति कर रहे हैं?

समाज के सम्पूर्ण मूल्य होते हैं और वे हर क्षेत्र में लागू होते हैं। आज पैसा कमाने के सिवा कोई जीवन-मूल्य रह नहीं गया। मेहनत से सीमित पैसा मिलता है, इसलिए बिना मेहनत के कमाया काला पैसा एकमात्र जीवन-मूल्य रह गया है। यह बाजार में लागू है। लोककर्म विभाग में, सिंचाई विभाग में, पुलिस में, सहकारी विभाग में—सब जगह लागू है। यह टोटल वैल्यू है और इससे कोई क्षेत्र बच नहीं सकता। पुलिस घूस लेती है, तो पत्रकार पुलिस को 'ब्लैकमेल' कर लेता है। कहते हैं कि शिक्षा का क्षेत्र पवित्र है। पर विश्वविद्यालय कोई हिन्द महासागर का द्वीप नहीं है। इसी समाज का अंग है, जिसके सम्पूर्ण जीवन-मूल्य वहाँ भी लागू होते हैं—उन्नीस-बीस या पन्द्रह-बीस का फर्क पड़ सकता है। सोने की चेन लेकर आचार्य डॉक्टरेट दिलाते हैं। छात्रों की आधी फेलोशिप आचार्य खा जाते हैं।

तो इस अमानवी अनैतिक जीवन-मूल्य से विवाह का क्षेत्र भी आक्रान्त है। सीमेंट में मुनाफाखोरी होती है, वह ब्लैक में बिकता है, तो वर भी 'ब्लैक' में बिकेगा, उस पर मुनाफाखोरी होगी। जिस चीज की समाज को उपभोग के लिए जरूरत है, वह जिन्स (कमोडिटी) होती है—उपभोग योग्य माल—कंज्यूमर कमोडिटी। लोगों को अपनी लड़कियों के लिए पति जरूरी है, तो वर एक जिन्स हो गया। उस पर पूँजीवादी व्यवस्था की माँग और पूर्ति के नियम लागू होंगे। वह मनुष्य नहीं रहा। उपभोक्ता वस्तु हो गया। उसमें मुनाफाखोरी, कालाबाजारी होगी। यह जीवन-मूल्य हो गया है।

लोग कहते हैं—इन दहेज लूटने वालों को शर्म नहीं आती क्या? समाज का डर नहीं है इन्हें? समाज में 'धिक्कार की शक्ति होती है,

जिससे मनुष्य के दुराचार पर रोक लगती है। समाज ने इन तीस-पैंतीस वर्षों में यह धिक्कार की शक्ति खो दी है। सदाचारी की अवहेलना होती है। पहले कहते थे—ऐसा मत करो। लोग थूकेंगे। अब किसी के मुँह पर भी थूक दो, वह बुरा नहीं मानेगा, उसे शर्म नहीं आएगी—अगर उसने काला धन कमा लिया है।

सबसे दुखद बात यह है कि देश में कोई कान्तिकारी आन्दोलन नहीं है, जो झकझोर कर रख दे; सामाजिक परिवर्तन को उद्दाम प्रेरणा और दिशा दे। जयप्रकाश नारायण ने युवकों से जनेऊ तुड़वाए थे। वे अब दो-दो जनेऊ पहनते हैं। डॉ. जगन्नाथ मिश्र अपने नाम से मिश्र हटाकर सिर्फ जगन्नाथ रह जाते हैं, पर वे बिहार में जातिवादी राजनीति नहीं छोड़ेंगे। गन्दी वास्तविकता की रक्षा के लिए प्रतीकों से लड़ते हैं। धोखा देते हैं।

कहते हैं—युवक परिवर्तन करेंगे। उन्हीं से आशा है, पर आम शिक्षित युवक विश्वासहीन और विचारधाराहीन हैं। उनकी रीढ़ की हड्डी नहीं है। वे केंचुए की तरह हैं। यही युवक विवाह-मंडप में कभी चूहे की तरह और कभी कागजी शेर की तरह स्कूटर माँगते हैं। बेकारी से पीड़ित अधिकतर युवक इस देश में आवारा हैं, 'लुम्पेन' हैं—पूँजीवाद फल का मीठा गूदा और रस खाकर छिलका और गुठली थूक देता है, उसे लेनिन ने 'लुम्पेन' सर्वहारा कहा है। यह आवारा और अराजक होता है। उपद्रव कर सकता है, क्रान्ति नहीं। यह वर्ग क्रान्ति में बाधक है। यह युवा वर्ग सामाजिक परिवर्तन नहीं कर सकता। दुनिया के किसी देश में आज तक छात्रों और युवकों ने क्रान्ति नहीं की। कोई-कोई युवक ऐसे जरूर निकल आते हैं, जो सीना ठोंककर बिना दहेज शादी कर लेते हैं। ये अपवाद हैं। कुछ युवक फोटो सहित दहेज नहीं लेने के शपथ-पत्र क्षेत्रीय अखबारों में छापते हैं। यह लड़कियों को आकर्षित करके फँसाकर कुछ रोमांस

करने की घटिया तरकीब है। ये शपथ वाले शादी दहेज लेकर ही करते रहेंगे—जब तक इन्हें विवाह-मंडप में जूते मारने वाले संगठन नहीं बनते।

लेकिन आशा के लक्षण हैं। ये लक्षण विशेष कर निम्न वर्ग में हैं।

मैं देख रहा हूँ, निम्न वर्ग और जाति के लोग बिना दहेज के सस्ते सामूहिक विवाह करने लगे हैं। ये सच्चे हैं। मध्यवर्ग के लोग भी आदर्श सामूहिक विवाह रचाते हैं, जिनमें आधे पाखंड होते हैं। इनमें पर्दे के पीछे लेन-देन हो जाता है। मध्यवर्ग की स्त्रियों में चेतना आ रही है—यह अच्छा लक्षण है। दहेज के खिलाफ देशव्यापी वातावरण बन रहा है—यह अच्छा है। मगर जड़ वही है—पूँजीवादी भ्रष्ट व्यवस्था की सर्वव्यापी मनुष्य-विरोधी अर्थ-केन्द्रित विकृत जीवन-मूल्यों की प्रतिष्ठा।

ऊपर सब है। फिल्म है, टेलीविजन है, डिस्को है, वीडियो है। अणु ऊर्जा है। परमाणु विस्फोट भी कर चुके हैं। जहाँ-तहाँ सम्पन्नता की बदबूदार फूहड़ दिखावट भी है। मगर भीतर से हमारी जाति एक तरह की सांस्कृतिक शून्यता में जी रही है और संस्कृति का गौरवगान सबसे जोर से हमीं लोग गाते हैं।

शादी और मातम

मेरे एक मित्र हैं। दाधीच्य ब्राह्मण हैं। कम्यूनिस्ट हैं। सुभीते के लिए मैं उनका नाम रमेश दे रहा हूँ। वे प्रतिष्ठित ब्राह्मण परिवार के रहे हैं। मगर एक पीढ़ी पहले ढर्रे से अलग कोई काम परिवार में हो गया होगा, जिससे उनके पिता जाति से बहिष्कृत कर दिये गए।

रमेश जी जातिहीन व्यक्ति रहे, जिनके बीवी, पुत्र और पुत्री हैं। वे चाहकर भी किसी नीची जाति के भी नहीं हो सकते थे। ब्राह्मण मुसलमान तो हो सकता है, पर कायस्थ नहीं हो सकता।

मगर अभी उन्हें ब्राह्मणों के समाज का पत्र मिला कि आप ससम्मान जाति में पुन: लिये जाते हैं। इस भयानक क्रान्तिकारी विप्र चेतना से रमेश आतंकित हो गए होंगे। एक तो उनके पिता दोषी माने गए थे। फिर रमेश कम्यूनिस्ट। वे पिता से ज्यादा पतित हुए, ब्राह्मणों की नजर में। उन्हें चांडाल घोषित करना था। मगर कलियुग में धर्म का इतना नाश हो चुका है कि उन्हें फिर ब्राह्मण बना लिया गया। आखिर ब्राह्मणों की इस उदारता का कारण क्या है? कारण है। रमेश का विवाह-योग्य लड़का है, जो

शिक्षा और कमाई के हिसाब से शादी के मार्केट में एक लाख की कीमत का है—रिबेट वगैरह काटकर और सेल्स टैक्स चुकाकर। ब्राह्मणों की विवाह-योग्य लड़कियाँ हैं। लड़की का पिता योग्य वर को ऐसे देखता है, जैसे भिखारी मिठाई को। कमाऊ और योग्य तरुण को अपनी लड़की के वर के रूप में लड़की का बाप ऐसे देखता है, जैसे कसाई बकरे को। ब्राह्मणों को अपनी लड़की के लिए वर चाहिए, ब्राह्मण ही चाहिए, इसलिए जाति-बहिष्कृत रमेश को फिर ब्राह्मण बना लिया गया। उनके पुत्र को किसी ब्राह्मण का दामाद बनाना था। व्यक्ति अथवा समूह का स्वार्थ जब बढ़ता है, तो कठोर निर्ममता से जाति, धर्म, नैतिकता, लोक-लाज सबको दफना देता है। तो पिछले दो महीनों से रमेश भाई शुद्ध दाधीच्य ब्राह्मण रहे। मगर कामरेड की किस्मत में बार-बार जातिच्युत होना लिखा है। सो पन्द्रह दिन पहले एक हादसा और हो गया, जिससे वे अब सिर्फ मनुष्य जाति के रह गए हैं। वर्ण-जातिहीन तुच्छ मानव!

इस हादसे का जिक्र बाद में करूँगा। अभी यह कि काला धन जैसे-जैसे बढ़ रहा है, मार्केट वैसे-वैसे उछल रहा है। काले धन के कारण जिस आई.ए.एस. की कीमत शादी के मार्केट में पहले एक लाख थी, अब दो लाख हो गई है। टेंडर बुलाए जाएँ तो पाँच लाख का भी आ सकता है। मगर मैं कहता हूँ—विवाह-योग्य आई.ए.एस. गर्व छोड़ें, ऐंठ छोड़ें, महिमा त्यागें। वे पिट गए शादी के मार्केट में। उन्हें पीट दिया बहुत मामूली सब-इंजीनियर या सहायक इंजीनियर ने, जो पहले ओवरसियर कहलाता था। लोककर्म विभाग या सिंचाई विभाग का सहायक इंजीनियर अकेला पाँच आई.ए.एस. के बराबर होता है। आई.ए.एस. का मकान तो रिटायर होते-होते बनता है। सहायक इंजीनियर के दस साल की नौकरी में दो मकान बनते हैं, जिनके 'मोजेक' के फर्श पर कोई भी आई.ए.एस. अपनी तुच्छता के अहसास से फिसलकर हाथ-पाँव तोड़

ले। विश्वविद्यालय में तरुण विद्वान विवाहेच्छुक लेक्चरर किसी भी लड़की के सम्पन्न पिता की नजर में दो कौड़ी का है। मास्टर-वास्टर को कोई बड़ा आदमी लड़की देता है? अब गरीब मध्यवर्ग के आदमी का सहारा यही मास्टर-वास्टर, लेक्चरर, क्लर्क है। इंजीनियर ठेकेदार ससुर चाहता है, जिससे दोनों मिलकर इस देश की विकास-योजनाओं को भ्रष्टाचार का मक्खन चुपड़कर खा जाएँ। फिर भी भूख हो, तो देश को ही खा लें।

दुर्गति है धनहीन या कम धन वाले आदमी की, जो लड़की के 'पीले हाथ' करना चाहता है। बड़ा अपमान सहता है वह। मगर कोई-कोई लड़की और उसका पिता कभी-कभी आकाश के अँधेरे में पुच्छल तारे की तरह दमक जाते हैं। इधर की उस एम.ए., बी.एड. अध्यापिका लड़की और उसके पिता के साहस की रिपोर्ट अखबारों में छप चुकी है। वर केवल मिल में ओवरसियर! सगाई में पच्चीस हजार ले लिये। बारात आई। लड़की के पिता ने हैसियत से बाहर इन्तजाम किया। ठहरने, खाने, घूमने का। मगर दूल्हा और उसके साथी नीचता पर उतर आए। लड़के का बाप भी अकड़ और लोभ के चक्कर में आ गया। दूल्हा अपने साथियों के साथ लड़की के दरवाजे पर पहुँचा, उसके पिता का अपमान किया और कहा, "अभी स्कूटर चाहिए, वरना शादी नहीं होगी।" वर के बाप की भी यही मंशा थी।

लड़की का बाप तुरन्त स्कूटर कहाँ से लाए? दूल्हा और उसके बाप का हठ और बदतमीजी जब बहुत बढ़ गई, तो लड़की, पिता तथा परिवार ने सलाह की और वर तथा उसके बाप से कहा, "हमें लड़की की शादी नहीं करनी। आप पच्चीस हजार सगाई वाले वापस कीजिए और आपके लिए जो इन्तजाम हमने किया है, उसका खर्च पच्चीस हजार और दीजिए और काला मुँह करके लौट जाइए।"

दूल्हे और बाप का अब नशा उतरा। अकड़ी गर्दन ढीली हुई। रीढ़ की हड्डी लुप-लुप करने लगी। बार-बार पानी पीने लगे। घबड़ाहट में हिन्दी की जगह गलत अंग्रेजी बोलने लगे, "प्लीज दी एक्सक्यूज्ड वी। माफ कीजिए। हमें स्कूटर नहीं चाहिए। शादी कर दीजिए।"

वे दो-तीन संकटों में थे। एक तो पचास हजार कहाँ से लाएँ? फिर वे दो दिन बाद होने वाले विवाह के उपलक्ष्य में स्वागत समारोह के निमंत्रण-पत्र अपने शहर में बाँट आए थे। तीसरे, और यह तीसरा कारण भयानक था—जो जेवर वधू को चढ़ाए गए थे, वे दूसरों से माँगकर लाए थे। आखिर वर के पिता वधू के पिता के चरणों पर और उतरी दारू से दीन हुए दूल्हा वधू के चरणों पर नाक रगड़ रहे थे, "हमारी इज्जत रख लो!"

लड़की ने कहा, "तुमने हमारी इज्जत का क्या किया है? पच्चीस हजार इसी वक्त वापस करो।"

बारात लौट गई काला मुँह लेकर। एक ही कसर रह गई कि पिटे नहीं। मेरा सिर यहीं उस लड़की और पिता के लिए श्रद्धा से झुक गया। लड़की पढ़ी हो, काम करती हो, कमाती हो, तो उसे जरूरत नहीं ऐरे-गैरे पालने वाले की। वह अहंकार को ठोकर मार सकती है। शोषण से इनकार कर सकती है। वह स्वतंत्र रह सकती है। समाज को बर्दाश्त करना चाहिए, अगर उसका पुरुष मित्र हो। पिता पड़ोसिन पर डोरे डालते हैं, बड़ा भाई पत्नी को लेकर दरवाजा बन्द कर लेता है, तो उस लड़की का क्या पाप कि वह पुरुष साथी से वंचित रहे? यह पाश्चात्य सभ्यता की विकृति नहीं, शुद्ध मानवी प्रकृति की बात है। बहरहाल, अब यह बताऊँ कि रमेश दुबारा ब्राह्मण होकर कैसे पतित हो गए।

उनकी लड़की ने मुसलमान लड़के से शादी कर ली। भागकर नहीं की। डरकर नहीं की। खुलेआम अदालत में शादी कर ली। दोनों परिवारों ने सहमति से शादी की। सही है कि परिवारों को राजी करने में

कुछ दिक्कत हुई होगी। स्त्रियाँ खास कर अन्तर्जातीय विवाह के लिए मुश्किल से राजी होती हैं।

समाचार हमें मालूम हुआ। दो-तीन दिन बाद हम तीन-चार मित्र शाम को बैठे गपशप कर रहे थे कि दो युवक मोटरसाइकिल पर आए। उनमें से एक ने हमें विवाहोपलक्ष्य में रमेश जी द्वारा दिये जाने वाले भोज के निमंत्रण कार्ड दिये। मैंने उस युवक से कहा, "रमेश भाई से कह देना, हमें बहुत खुशी हुई बेटी की शादी इस मुस्लिम युवक से होने से। मगर यह लड़का क्या करता है? कहीं नौकरी करता है या कोई धन्धा?"

जिसने निमंत्रण दिये थे, वही युवक खड़ा हुआ और बोला, "मैं ही वह लड़का हूँ। मैं लाइफ इंश्योरेंस में नौकरी करता हूँ।"

मैं धक् रह गया। कमाल का लड़का है। अपनी शादी की पार्टी के कार्ड खुद बाँट रहा है, ससुर की तरफ से। बेखौफ घूम रहा है, जबकि साम्प्रदायिक लोग ऐसे मौके की तलाश में रहते हैं।

छोटा-सा शहर। साम्प्रदायिक लोग काफी हैं। साम्प्रदायिक राजनीतिक दल भी हैं। धर्म की रक्षा करने वाले मौजूद हैं। हिन्दू लड़की की मुसलमान से शादी? दंगा भी हो सकता था। कट्टरता दोनों सम्प्रदायों में है। मुसलमान हिन्दू लड़की ले लेगा, पर अपनी लड़की देगा नहीं। यही हिन्दू का हाल है।

एक पांडे परिवार के लड़के ने मुस्लिम लड़की से शादी कर ली। कुछ समय तनाव और अलगाव रहा। मगर पांडे परिवार ने शेख जी की लड़की को स्वीकार कर लिया। मगर शेख जी ने ब्राह्मण को अभी तक स्वीकार नहीं किया।

इन विवाहों में शुरू-शुरू में जीवन-पद्धति और संस्कारों की विभिन्नता के कारण तालमेल में थोड़ी कठिनाई होती है। बाद में सब एकाकार हो जाता है। फिर पश्चिमी सभ्यता जो इस देश में आई, उससे

नुकसान चाहे जो हुए हों, उसने मध्यवर्ग की जीवन-पद्धति एक-सी कर दी है।

मुझे आश्चर्य और हर्ष हुआ कि यह शादी इतनी शान्ति से हो गई। धर्म के रक्षक क्या सो रहे थे? साम्प्रदायिक राजनीति वाले क्या अफीम खाकर पड़े थे? यही दुख भी है।

अब सामाजिक प्रतिक्रिया की बात। रमेश ने मित्रों से कहा, "अधिकांश लोग बधाई देने नहीं, मातमपुर्सी करने आए। वे मेरे घर में विलाप की उम्मीद से आते थे, पर हमें प्रसन्न देखकर निराश होते थे। खास कर मेरी पत्नी की गम्भीरता और सन्तुलन को देखकर वे दुखी होते थे। शायद उसे बेशर्म समझते हों।"

दुख की बात यह कि आधुनिक, रेडिकल और प्रगतिशील लोग भी इस शादी को स्वीकार नहीं कर पा रहे थे। जो कई वर्षों से साम्प्रदायिक एकता, अन्तर्जातीय विवाह, हिन्दू-मुस्लिम भाईचारे के उपदेश देते थे, भाषण देते थे, संघर्ष करते थे, वे भी कुछ ऐसा भाव धारण किये थे कि बुरा हुआ। अन्तर्जातीय विवाह की वकालत करना अच्छा लगता है, मगर उसका होना अखरता है। दूसरे के घर हो जाए, तो एक धिक्कार के साथ बर्दाश्त किया जा सकता है, पर अपने बेटा-बेटी कर लें, तो अपनी नाक काटने के लिए नाई से उस्तरा माँगने लगते हैं।

किसी ने कहा—आप ज्यादा दौरे पर रहते हैं। घर में पुरुष नहीं होने से ऐसी गड़बड़ होती है। मैंने सोचा, अगर घर में कोई पुरुष रखता, तो कुछ लोग कहते कि मेरी बीवी उससे फँसी है।

रमेश भाई का कहना है, "मगर बहुत लोगों ने समर्थन किया। खुशी जाहिर की। इनमें केवल हमारे साथी, मित्र और वैचारिक समानता के लोग ही नहीं थे—कुछ वे भी बधाई और समर्थन देने आए, जिन्हें हम दकियानूस और प्रतिक्रियावादी कहते हैं।"

बिरादरी राजनीतिक भी होती है। मेरे एक वामपंथी मित्र इस शहर में एक परिवार की लड़की से अपने लड़के की शादी तय करने आए। हमने उन्हें बताया, "वह पूरा परिवार शुद्ध संघी है। आपका वामपंथी का लड़का है। कैसे पटेगी? और आगे वर्ग-युद्ध हुआ तो क्या समधी समधी का गला काटेगा?"

उन्होंने जवाब दिया, "यार, मेरा लड़का कॉलेज के दिनों से उस लड़की से प्रेम करता है। यह जो साला क्यूपिड (काम) है, यह जाति, बिरादरी, धर्म, विचारधारा कुछ नहीं देखता। खुदा ने आदम और हव्वा बनाए थे, हिन्दू-मुस्लिम, कम्यूनिस्ट और जनसंघी नहीं बनाए। अब आदम या तो हव्वा को विचारों में कन्वर्ट कर लेगा या हव्वा आदम को कन्वर्ट कर लेगी। वैसे लड़के के पास लॉजिक है।"

मैंने मजाक किया, "या लेफ्ट-कम्यूनल डेमोक्रेटिक मोर्चा भी बन सकता है!"

दो

इश्क ने ग़ालिब निकम्मा कर दिया

मिर्जा ग़ालिब का शेर है :

इश्क ने ग़ालिब निकम्मा कर दिया,
वरना हम भी आदमी थे काम के।

माना कि ग़ालिब काम के आदमी होना चाहते थे। काम का आदमी वह होता है, जो काम करता है। निठल्ला तो काम का आदमी नहीं होता। जो कुछ करता ही नहीं, वह किस काम का आदमी? मगर यही मिर्जा ग़ालिब दूसरे शेर में कहते हैं :

दिल चाहता है, फिर वही फुरसत के रात दिन
बैठे रहें तसव्वुरे-जानाँ किये हुए।

इधर मिर्जा ग़ालिब की ख्वाहिश थी कि फुरसत के रात-दिन मिलें, तो महबूबा की कल्पना करते हुए बैठे रहें। यानी मिर्जा ग़ालिब अगर

काम भी करते थे, तो उस काम को समय की बरबादी मानते थे और वही फुरसत के रात-दिन चाहते थे, जब प्रेमिका के चेहरे की कल्पना करते बैठे रहें। यानी आप प्रेम के 'होल टाइमर' हैं, तो दूसरा काम कैसे कर सकते हैं? दूसरा काम नहीं कर सकते, तो काम के आदमी हो नहीं सकते।

उर्दू कविता में प्रेम के 'होल टाइमर' ही होते हैं। दूसरा कुछ करने का वक्त नहीं मिलता। ग़ालिब का शेर है :

गदा समझ के वो चुप था मेरी जो शामत आई,
उठा और उठके क़दम मैंने पासबाँ के लिए।

आशिक फकीर के लिबास में प्रेमिका के दरवाजे पर बैठे हैं एक झलक पाने के लिए। वहाँ चौकीदार है। चौकीदार आशिक को भिखारी समझकर परवाह नहीं कर रहा है। पर आशिक इतने भावुक हुए कि उठकर चौकीदार के पाँव पकड़ लिये। यानी तू मुझे उससे मिलवा दे। जब पाँव पकड़ लिये तो चौकीदार समझ गया कि यह भिखारी नहीं, आशिक है और उसने पीटकर भगा दिया। अब आप भिखारी बनकर सुबह से शाम तक महबूबा के दरवाजे पर बैठे रहेंगे, तो काम कैसे करेंगे? हजरत दाग़ का शेर है :

ख़ूब पर्दा है कि चिलमन से लगे बैठे हैं,
साफ़ छिपते भी नहीं, सामने आते भी नहीं।

चिलमन बाँस की तीलियों से बना पर्दा होता है। इसमें उस तरफ कुछ का कुछ आशिक रूप दिख भी जाता है। पर्दा का पर्दा है। तो जनाब आशिक दिन भर वहीं चक्कर लगा रहे हैं।

सवाल यह है कि ये इश्क किससे करते थे? उत्तर भारत में सख्त पर्दा-प्रथा थी, इसलिए शरीफ घर की औरत की तो हवा भी आशिक को नहीं लगती थी। यों यह भी सही है कि औरत चाहे, तो एक नहीं, सात पर्दों में से भी रास्ता निकाल लेती है। पर इन परिवारों में रिश्तेदारी में ही आँखें मिलाना, दिल मिलना, मुलाकात होना सम्भव होता था। बाकी उर्दू शायरी में जो यह निकम्मा कर देने वाला इश्क है, वह सोसाइटी लेडी या तवायफ से होता था। ये तवायफें शरीर बेचने वाली नहीं होती थीं। संगीत और नृत्य में पारंगत होती थीं। शेरो-शायरी जानती थीं। ऊँचे किस्म का मनोरंजन देती थीं। किसी से इनका इश्क भी होता था। ग़ालिब खुद किसी पर्दानशीं खातून से नहीं, एक तवायफ से मुहब्बत करते थे। अब तवायफ के पास तो और आदमी भी जाते थे। जो उसके ज्यादा नजदीक होने लगता, वह 'रकीब' (प्रेम में प्रतिद्वन्द्वी) हो जाता था। अब उधर तो महबूबा से मिलने की हवस और इधर रकीब से जलन—कहीं कम्बख्त रकीब न पहुँच गया हो! ग़ालिब का ही शेर है :

ज़िक्र उस परीवश का और फिर बयाँ अपना,
हो गया रक़ीब आख़िर जो था राजदाँ अपना।

ग़ालिब अपने विश्वासी मित्र के सामने महबूबा के सौन्दर्य का वर्णन करते थे। एक तो उसका सौन्दर्य; दूसरे, ग़ालिब जैसे शायर द्वारा उसका वर्णन। तो वह मित्र खुद उसका आशिक हो गया और ग़ालिब का दुश्मन बन गया।

ये जो प्रेमिकाएँ होती थीं, इनकी बैठकें 'बज्म' कहलाती थीं। बज्म में वह सुन्दरी होती थी, प्रशंसक होते थे। वहाँ शेरो-शायरी, संगीत,

दिल्लगी होती थी। अब ग़ालिब बैठे हैं टकटकी लगाए उस पर। चाहते हैं कि वे हों, वह हो। कोई गैर न हो। तो :

मैंने कहा कि बज्मे नाज़ चाहिए ग़ैर से तिही,
सुन के सितम ज़रीफ़ ने मुझको उठा दिया कि यूँ।

मैंने तो कहा कि बज्म में गैर नहीं होना चाहिए, तो उसने मुझे ही उठाकर बाहर कर दिया कि तुम्हीं गैर हो। इतना ही नहीं, धीरज भी ग़ालिब में नहीं था। जिसे चाहते हो, वह धीरे-धीरे ही तो खुश होगी। पास आएगी। मगर आप एकदम हाथ बढ़ा देंगे, तो क्या होगा? जैसा खुद ग़ालिब ने कहा :

धौल-धप्पा उस सरापा-नाज़ का शेवा नहीं,
हम ही कर बैठे थे, ग़ालिब पेशदस्ती एक दिन।

आपने हाथ बढ़ा दिया, तो उसने धौल-धप्पा कर दिया। ऐसी हरकत करेंगे आप, तो आपको कौन मिलेगी? हर एक समझेगी कि यह शरीफ आदमी नहीं, उठाईगीर है—एकदम हाथ बढ़ाता है। ऐसी ही हरकतों का नतीजा था कि कहना पड़ा :

ये न थी हमारी किस्मत कि विसाले-यार होता,
अगर और जीते रहते यही इन्तजार होता।

मियाँ, काम आपको कौन देता कि आप काम के आदमी होते? आप तो पब्लिक में ऐलान करते फिरते थे :

हम वहाँ हैं जहाँ से हमको भी
कुछ हमारी ख़बर नहीं आती।

जब आप होशोहवास में नहीं रहते इश्क के कारण, आपको खुद अपनी खबर नहीं है, तो कोई काम देना भी चाहे तो क्यों दे? फिर शुभचिन्तक अंग्रेज दोस्तों ने कॉलेज में आपको उर्दू-फारसी पढ़ाने का काम दिलवा दिया। बढ़िया नौकरी थी। पर आपका अहंकार कि 'हम शायर मिर्जा ग़ालिब हैं।' आप पालकी में बैठकर कॉलेज गए और प्रिंसिपल को खबर भेजी—'उनसे कहो कि हम मिर्जा ग़ालिब आ गए हैं। वे आकर हमें पालकी से उतारें और भीतर ले चलें।' कर्मचारी ने लौटकर कहा, "प्रिंसिपल साहब ने कहा है कि आप खुद उतरकर भीतर चलकर उनसे मिल लीजिए।"

ग़ालिब ने कहा, "जब तक कोई हमें पालकी से न उतारे, हम कैसे उतर सकते हैं? हम बेइज्जती से नौकरी नहीं करेंगे। पालकी वापस कर लो।" आप घर लौट आए। ऐसे कहीं नौकरी की जाती है!

सब हरकतें उलटी और आफत लाने वाली। इश्क भी किया तो उससे, जिस पर शहर कोतवाल फिदा था। आप कोतवाल की राह के काँटे हो गए। उसने बदला लिया। आप आमदनी के लिए घर में जुआ खिलाते थे। कोतवाल ने आपको पकड़ लिया और आपको जेल की हवा खानी पड़ी। कहते हैं :

क़र्ज़ की पीते थे मय लेकिन समझते थे कि हाँ,
रंग लावेगी हमारी फाकामस्ती एक दिन।

एक अंग्रेज फर्गुसन की विलायती शराब की दुकान चाँदनी चौक में थी। नौकर को चिट लिखकर भेज देते और बोतल बुलवा लेते। एक बोतल नहीं, एक दर्जन बोतलें उधार क्योंकि शाम को पीने के लिए दस-पन्द्रह दोस्तों को लेकर बैठते थे। जब बहुत कर्ज हो गया, तो फर्गुसन साहब ने मुकदमा कर दिया। आपने घर से निकलना ही छोड़ दिया।

आपका गली बल्लीमारान का मकान मैंने देखा है। इसके पहले आप दूसरे मकान में रहते थे। मगर मकान की बरसात के मौसम में मामूली मरम्मत भी नहीं कराते थे और शान से कहते थे :

उग रहा है दरो-दीवार से सब्ज़ा ग़ालिब,
हम बियाबाँ में हैं और घर में बहार आई है।

काम-धाम आप कुछ करते नहीं थे। कहते थे, "गमे-इश्क गर न होता, गमे-रोजगार होता।" नवाब रामपुर या कोई और कद्रदाँ आपको कभी-कभी कुछ रुपये भेज दिया करते थे। बादशाह बहादुर शाह 'जफर' ने आपका वजीफा बाँध दिया था, तो यह रुपया आप लेते तो रहे, मगर तकलीफ के साथ। कहते हैं :

ग़ालिब वज़ीफ़ाख़्वार हो दो शाह को दुआ,
वो दिन गए कि कहते थे नौकर नहीं हूँ मैं।

मगर पूछता हूँ, मियाँ, कि फिर ईस्ट इंडिया कम्पनी से वजीफा पाने के लिए कलकत्ता का चक्कर क्यों लगाया? महारानी विक्टोरिया की शान में कसीदा क्यों लिखा? मिर्जा साहब, आपने अपने निकम्मेपन के अहसास में या खाकसारी के मूड में कह दिया :

ग़ालिबे-खस्ता के बग़ैर कौन से काम बन्द हैं,
रोइए जार-जार क्या कीजिए हाय-हाय क्यूँ?

मजाक छोड़िए, मिर्जा ग़ालिब। आप वाकई बड़े काम के आदमी थे। इश्क में डूबे रहने के बावजूद काम के आदमी थे—बल्कि इश्क में डूबे रहने के सबब से ही आप काम के आदमी हुए। आपने अमर कलाम लिखा। दिल्ली में ग़ालिब अकादमी और ऐवान-ए-ग़ालिब बड़ी

शानदार इमारतें हैं आपके नाम पर। कभी तशरीफ लाइए। आपके पुराने मकान के दर-ओ-दीवार पर भले सब्जा उग आता होगा, इन इमारतों में आप बड़े आराम से रहेंगे।

पहले का सब मजाक था। यह जो मैंने कहा, सच है—मैं भी :

सादिक़ हूँ अपने कौल का ग़ालिब ख़ुदा गवाह,
कहता हूँ सच कि, झूठ की आदत नहीं मुझे।

महँगी मस्ती सस्ती ले लो

ये न समझो कि फलक ठूँठ हूँ मैं
मदे मंसूर के दो घूँट हूँ मैं
जिसपै लैला हुई सौ बार सवार
हलफ़िया कहता हूँ वो ऊँट हूँ मैं

यह एक क़ता है। और एक लम्बी कविता की ये पंक्तियाँ हैं :

जानते हैं सब तुम्हें उद्दाम हो, उद्दंडिका हो
आग हो, तूफान हो, भूचाल हो, रणचंडिका हो
खून से अपने लिखी हड़कम्प झाँसी की कहानी
याद है जलियानवाला बाग लाखों को जबानी
क्यों अभी से आग इतने जोर से भड़का रही हो
जा रही हो?
मोह, माया, मेल, ममता धूलवत ठुकरा रही हो
जा रही हो?

और एक गीत के ये शब्द :

आज संध्या काल फिर से
मधु बयार प्रमाद लाई
फिर किसी की याद आई
हो चुका कब का हृदय को
घोल कर आँसू बनाना
बन्द है इस बाग में
अर्से से बुलबुल का तराना
दाद भी बेगानगी है
यह नया अपवाद लाई
फिर किसी की याद आई!

पहला कता, जो मैंने कहा, वह अपनी असाधारण ऊँचाई का मजाक है। दूसरे काव्य-खंड में जुझारू ओजस्वी शब्द हैं। तीसरे खंड में रूमानी अभिव्यक्ति है। क्या ये तीनों प्रकार के काव्य किसी एक कवि के हो सकते हैं? सहसा विश्वास नहीं होगा। पर ये हैं—बाबू रामानुजलाल श्रीवास्तव के, जो 'ऊँट' बिलहरीवी के तखल्लुस से व्यंग्य-विनोद लिखते थे। 'प्रहरी' साप्ताहिक में वे नियमित 'जजबाते ऊँट' लिखते थे, जिसमें तमाम विषयों पर व्यंग्य करते थे। जब संविधान बन रहा था, तब राष्ट्रगीत तय होने का प्रश्न उठा। पंडित नेहरू ने खुली घोषणा की कि कविगण उपयुक्त राष्ट्रगीत रचकर भेजें। हजरत ऊँट के एकाध राजनेता मित्र ने भी एक राष्ट्रगीत लिखकर भेजा। तब ऊँट साहब ने 'प्रहरी' में अपना भी एक राष्ट्रगीत छपाया—इस कटाक्ष के लिए कि 'वंदे मातरम्' और 'जन-गण-मन' के होते हुए

तुम कवियो, यह क्या बचकानापन कर रहे हो! इस मजाकिया गीत के आरम्भ की पंक्तियाँ हैं :

हेलो मादरम्,
कैसा मिजाज है आपका एंड हाउ इज फादरम्?

तो पहला कता तो 'ऊँट' साहब का अपना परिचय है कि हँसो मत, कोई ऐसा-वैसा नहीं हूँ—मेरी पीठ पर लैला बैठी है।

दूसरा ओजस्वी काव्य-खंड सुभद्राकुमारी चौहान के प्रति है। हुआ यह कि 1942 के 'भारत छोड़ो' आन्दोलन में पहले ठाकुर लक्ष्मणसिंह चौहान ने भी गिरफ्तारी दे दी। उनके तीन बच्चे थे, जिनमें सबसे बड़ी सुधा कुल सत्रह साल की थी। सुधा की शादी आगे अमृतराय से हुई। सुभद्रा जी देशभक्ति के उन्माद में तीन बच्चों को छोड़कर जेल चली गईं। तब रामानुज बाबू ने यह कविता लिखी थी : 'जा रही हो?' जबलपुर नगर निगम के अहाते में सुभद्रा जी की प्रतिमा पर इनमें से चार पंक्तियाँ अंकित हैं। तीसरा रूमानी गीत है : 'फिर किसी की याद आई'। एक ही कवि में तीन रंग, अनुभूतियों की इतनी विविधता!

बाबू रामानुजलाल श्रीवास्तव 'ऊँट', जिन्हें हम छोटे कक्का कहते थे, बहुत ऊँचे और दुबले भी थे। छहफुटा कहना उन्हें छोटा करना है। वे साढ़े छह या उससे ऊपर के थे। दुबले थे। नाक लम्बी, नुकीली थी। आँखें बड़ी और भावपूर्ण। अपनी ऊँचाई के कारण घटित घटनाओं का उन्होंने खुद उल्लेख किया है। लखनऊ में कुँजड़िन से खड़े-खड़े संतरे खरीद रहे थे। बोले—संतरे तो छोटे हैं। कुँजड़िन ने जवाब दिया—हुजूर, दूर से चीज छोटी दिखती है।

पर इस ऊँचाई और दुबलेपन ने रामानुज बाबू में कोई कुंठा पैदा नहीं की। वे लगभग सब तरह के बढ़िया कपड़े पहनते थे—सूट और

टाई, कुर्ता, पाजामा, तरह-तरह की शेरवानियाँ, अचकन, चूड़ीदार पाजामा और अचरज होगा यह जानकर कि वे हाफपैंट और हाफशर्ट भी पहनते थे। इस लिबास में जमीन में घुसकर फैलकर स्टूल जैसी बन जाने वाली उस चीज पर बैठकर, सिर पर धूप के लिए वे खास टोपी पहनकर क्रिकेट मैच देखते थे। वे खुद बड़े अच्छे टेनिस खिलाड़ी थे और ब्रिज खेलते थे। जबलपुर क्लब जिन हस्तियों के कारण आबाद था, उनमें रामानुज बाबू खास थे।

रामानुज बाबू मध्य प्रदेश में 'इंडियन प्रेस' की शाखा के मैनेजर थे। तब 'इंडियन प्रेस' की ही पुस्तकें चलती थीं। उन्हें मोटा वेतन और कमीशन मिलता था। वे नवाब की तरह जीवन को पूर्णता और ठाठ के साथ जीते थे।

अत्यन्त सुसंस्कृत आदमी थे। उर्दू और फारसी के विद्वान थे। खूब अंग्रेजी साहित्य पढ़ा था, रूसी साहित्य पढ़ा था। हिन्दी में तो लिखते ही थे। वे जब शेरवानी और चूड़ीदार पाजामा पहनते और लखनवी ढंग अपनाते, तो लगता, नवाब वाजिद अलीशाह के दरबार से चले आ रहे हैं। कभी किसी पुश्तैनी ब्राह्मण पंडित की तरह बोलते। विनोद बात-बात पर करते। एक समारोह में ठीक वक्त पर मैं पहुँच रहा था कि देखा, दस कदम आगे रामानुज हैं। हॉल खाली था। कक्का ने कहा—दी ट्रेजेडी ऑफ बोइंग पंक्चुअल इज दैट, देअर इज नो वन टु एप्रीशियेट इट।

रामानुज बाबू का पूरा व्यक्तित्व गरिमामय था। वे कुछ भी ओछा नहीं करते थे। वे दबंग थे। उनकी उपस्थिति विश्वास पैदा करती थी और थोड़ा भय भी। उनके सामने हर कुछ न किया जा सकता था, न कहा जा सकता था। वे हद दर्जे के उदार थे। जो उनके मित्र स्वाधीनता-संग्राम में जेल जाते, उनके परिवारों की जिम्मेदारी वे ले लेते थे। कितने ही जरूरतमन्द साहित्यकारों की मदद करते थे। और उनके

मुँह से असावधानी और नशे में भी कभी यह नहीं निकला कि अमुक की मैंने मदद की।

व्यवसायी थे, इसलिए अत्यन्त नम्र थे और समझौते भी करते थे। पर साहित्य के मामले में कोई समझौता नहीं करते थे। साहित्य के मूल्यों के प्रति उनमें कट्टर धार्मिक-सी निष्ठा थी। वे लड़ जाते थे, यह सोचे बिना कि मेरे धन्धे में इससे नुकसान होगा। जबलपुर में तब गृहमंत्री पंडित द्वारिका प्रसाद मिश्र के महाकाव्य 'कृष्णायन' की एक समारोह में मिश्र जी के सामने ही अतिशयोक्तिपूर्ण भटैती की गई। तब बाबू रामानुज खड़े हो गए बोलने और उन्हें बहुत लताड़ा। मैं याद दिला दूँ, मिश्र जी और रामानुज बाबू मित्र थे। शतरंज खेलते थे और मिलकर साहित्यिक कार्य भी करते थे। इसके बावजूद वे साहित्यिक बेईमानी बर्दाश्त नहीं कर सके।

इसी गोदिया में मध्य प्रदेश हिन्दी साहित्य सम्मेलन के समय वे खूब लड़े। तब अर्थ मंत्री ब्रजलाल बियाणी अध्यक्ष बनना चाहते थे। हमारे उम्मीदवार कवि, राजनेता, सम्पादक पंडित भवानीप्रसाद तिवारी थे। रामानुजलाल बाबू ने ललकारा—हम मात्र मंत्री को साहित्य सम्मेलन का अध्यक्ष नहीं बनने देंगे। यह क्या धाँधली है कि मंत्री साहित्य का भी मालिक बन जाएगा। बियाणी की तरफ से व्यापारी वर्ग और शासकीय कर्मचारी लगे थे। हमारे प्रधान सेनापति रामानुज बाबू थे। घमासान युद्ध हुआ और हमने अर्थ मंत्री ब्रजपाल बियाणी को हराया।

बाबू रामानुज मस्त-मौला आदमी थे। जहाँ जाते, मस्ती का आलम साथ जाता। उनमें कुछ सामन्ती दरबारी संस्कार थे, संत कवियों के प्रभाव से अतिशय विनयभाव था, आधुनिकता थी और एक सिद्धान्तवादी की अकड़ भी थी। वे परम विद्वान थे। सतही ज्ञान नहीं था। वे तह में जाते थे। वे जब अनीस के प्रसिद्ध मरसिया करबला पर पुस्तक लिख रहे थे,

तब मैं देखता था कि कितना शोधकार्य वे करते थे। एक दिन वे तीन एनसाइक्लोपीडिया और तीन नक्शे लिये बैठे थे। वे करबला की भौगोलिक स्थिति और तत्कालीन सामाजिक, धार्मिक, राजनीतिक स्थितियों का गहरा अध्ययन कर रहे थे। ग़ालिब पर उनकी पुस्तक अद्वितीय है। हिन्दी-भाषियों को इस खूबी से ग़ालिब किसी अन्य ने नहीं समझाया।

विश्व कथा-साहित्य के वे ज्ञाता थे। चेखव का हिन्दी में सबसे पहले 'सरस्वती' में अनुवाद उन्हीं ने किया। वे एलेक्जेंडर कुप्रिन की 'यामा' ('दी पिट') का भारतीय वातावरण लेकर अनुवाद कर रहे थे। सुभद्रा कुमारी चौहान द्वारा संकलित 'इक्कीस कहानियाँ' पुस्तक में रामानुज बाबू ने कहानी और विश्व कथा-साहित्य पर एक पांडित्यपूर्ण लम्बा लेख लिखा है। विदेशी विद्वानों की कहानी की परिभाषाएँ देकर वे लिखते हैं कि कहानी की सबसे अच्छी परिभाषा तो अपने यहीं है, और उन्होंने यह शेर दिया है :

सुनता हूँ बड़े शौक से हस्ती का फसाना,
कुछ अरक है, कुछ स्वाद है, कुछ तर्जेबयाँ है।

कहानी क्या है? जीवन की कथा है। कुछ वास्तविक है, कुछ कल्पना है, कुछ कहने की शैली है। रामानुज बाबू ताजा से ताजा पढ़ते थे। बोरीस पास्तरनाक का विवादास्पद उपन्यास इस शहर में सबसे पहले उन्हीं के पास आया। दिल्ली से बुलाया था। उनसे लेकर मैंने पढ़ा। फिर उन्होंने मुझसे इस बात पर चर्चा की कि आखिर इस पर विवाद क्यों है।

रामानुज बाबू छायावादी युग के कवि थे, पर छायावाद उनमें नहीं के बराबर है। पंत, निराला, महादेवी—किसी से प्रभावित नहीं थे। वे यथार्थवादी और रूमानी एक साथ थे। कुछ उनमें भक्त कवियों का समर्पण और दास्यभाव था। राष्ट्रीय भावना उनमें गहरी थी।

प्रगतिवाद से पहले वे चिढ़ते थे, बाद में उन्होंने उसे समझा। उनके घर के हॉल में साहित्य-गोष्ठी थी। ठंड थी। मैं और प्रखर प्रगतिशील कवि रामकृष्ण श्रीवास्तव ऊनी काली शेरवानी पहने थे। रामकृष्ण ने वर्ग-संघर्ष की एक कविता पढ़ी। रामानुज बाबू चिढ़कर चिल्ला पड़े—कीमती गरम शेरवानी पहनते हैं। अरे, नारे लगाओ, जुलूस निकालो, जेल जाओ। कविता को क्यों बिगाड़ते हो? तब हम दोनों चुप रह गए।

दूसरे दिन मैंने कहा, "रात को आपने रामकृष्ण से बुरा व्यवहार किया।" मैं उनके मुँहलगा था।

वे बोले, "क्या है यह तुम्हारा प्रगतिशील साहित्य? इसमें साहित्य है ही कहाँ?"

मैंने कहा, "मैं जो लिखता हूँ, वह आपको पसन्द है या नहीं?"

वे बोले, "तुम्हारी रचनाएँ बहुत अच्छी हैं। मुझे बहुत पसन्द हैं।"

मैंने कहा, "मैं जो लिखता हूँ, वह प्रगतिशील साहित्य है।"

वे हँस पड़े। बोले, "अच्छा, तुम मेरे दाँव से मुझी को चित करते हो?"

अन्तिम वर्षों में उन्होंने गर्दिश भोगी। शरीर से लाचार हो गए थे। आर्थिक कष्ट भी था। पर शालीनता, शिष्टता, उदारता, संस्कृति उन्होंने किसी भी स्थिति में नहीं छोड़ी। वे मजाक खूब करते थे, पर किसी की निन्दा न खुद करते थे, न सुनते थे। कोई किंसी की निन्दा करता, तो वे कहते, "छोड़ो भाई, कमजोरियाँ किसमें नहीं होतीं! अब मुझे ही देखो... ।"

आत्मसम्मान विकट था। सरकारी संस्कृति विभाग लेखकों की आर्थिक मदद करता था। हम लोगों ने सोचा कि उन्हें यह मदद करा दें। इसके लिए एक फार्म भरना पड़ता है, जिस पर दस्तखत करना होता है। उन्होंने दस्तखत करने से इनकार कर दिया। बोले, "दस्तख्त नहीं करूँगा, मैं चाहे भूखा मर जाऊँ।" तब पंडित भवानीप्रसाद तिवारी, नर्मदा

प्रसाद खरे और मैं हर साल मुख्यमंत्री को पत्र लिखते थे और उन्हें बिना माँगे सहायता मिलती थी। नागपुर रेडियो के अधिकारियों के व्यवहार से अपमानित होकर उन्होंने उन्हें लिखा : "आप लोग कवि से व्यवहार करना नहीं जानते। आप नगाड़े के डंडे से वीणा के तार बजाना चाहते हैं। मैं रेडियो पर कभी नहीं आऊँगा।"

अजीब हस्ती थी वह—मस्त, गम्भीर, विद्वान, निष्ठावान, उदार, साहसी, सुसंस्कृत : "जालिम में थी इक और बात इसके सिवा भी!"

उनकी शव-यात्रा में उन्हीं की ये पंक्तियाँ गाई गईं :

ये मस्त चला इस बस्ती से
थोड़ी-थोड़ी मस्ती ले लो
टूटे-फूटे दिल में उलझी
अरमानों की बस्ती ले लो
थी रूपरंग की हाट लगी
जब दुनिया में आँखें खोलीं
दीवाना तो था ही लेकर
झट निकल पड़ा अपनी झोली
हँस-हँस पीड़ा थी बेच रही
कोई भोली कोई चंचल
इसने तो ली सब कुछ देकर
पर तुम इससे सस्ती ले लो
थोड़ी-थोड़ी मस्ती से लो।

आह से हमने निकाली है अमल की सूरत

ताज से मेरी पहली मुलाकात शायद 1952 में हुई, पर यह बेहद मुख्तसर थी। मैं रामकृष्ण श्रीवास्तव के साथ मिला था। दूसरी मुलाकात हुई शायद 1954 में ताज होटल में। ताज ने अपने को किसी से 'शायरनुमा-सा भटियारा' कहलवाया किसी मजाहिया नज्म में। ताज होटल में मेरी मुलाकात इस 'शायरनुमा-सा भटियारा' से हुई। काउंटर के उस तरफ वे थे और इस तरफ मथुरा बाबू, अक्षय बाबू और मैं। गपशप हो रही थी। ताज एक मैला कुर्ता पहने हुए थे और बीच-बीच में जाकर पकते हुए गोश्त के बरतन को चला आते थे। थोड़ी देर बाद ताज ने कहा, "यारो, यतीमों की तरह क्यों खड़े हो? होटल है। कुछ खाओ।"

हम लोगों ने वहीं खाना खाया।

इसके बाद जब भी भोपाल जाता, ताज से मुलाकात होती। कभी-कभी शाम को बैठक भी होती। कुछ पीना-पिलाना भी चलता। मैं देखता कि सुरूर में हम लोग तो खूब गपशप करते थे, पर ताज हर घूँट के साथ अपने हाथों पर सिर रखकर बेहद उदास बैठे रहते। बातचीत में

कितना ही घसीटो, वे शामिल नहीं होते। बेहद गहरा दुख उस आदमी के साथ था। वे ऐसे मूड में अक्सर कहते थे, "मैंने बहुत गुनाह किये हैं।" हममें से किसी ने कह दिया, "खूब गुनाह करो, मैं रहीम हूँ।" इस पर भी ताज पर कोई असर नहीं होता था। वे वैसे ही उदास बैठे रहते। उनसे गजल सुनना बड़ा मुश्किल था। वे सुनाना टालते थे। मुझे याद है, ऐसे ही किसी मूड में ताज ने कहा था, "मैं अच्छा बेटा नहीं, अच्छा शौहर नहीं, अच्छा बाप नहीं हूँ। जब कोई कहता है कि अच्छा शायर भी नहीं हूँ, तो मेरी तबीयत खुदकुशी करने की होती है।"

कुछ लोग ऐसे होते हैं, जो जिन्दगी में ऐसे खेल खेलते हैं कि अपना सब कुछ एक ही 'स्टेक' दाँव पर लगा देते हैं। ताज ने अपना सब कुछ शायरी के दाँव पर लगा दिया था। वे चौबीस घंटे शायर थे और शायर के सिवा कुछ और नहीं थे। बेहद चिन्तनशील और संवेदनशील व्यक्ति की मुद्रा में रहते। बहुत प्रिय मित्र थे। मेरा अन्दाज गलत भी हो सकता है, पर सबसे ज्यादा आत्मीयता उनकी मथुरा बाबू से थी, और सबसे ज्यादा उन्हीं से लड़ते भी थे।

बहुत फक्कड़पन की जिन्दगी ताज की थी। लोग कहते थे, यह आदमी अपनी जिम्मेदारी नहीं निभाता। जमकर काम नहीं करता। होटल खुलवाया तो उसे बिठा दिया। फिल्मों में गए तो जमे नहीं। पर जैसा मैंने कहा, वे शायद शायर के सिवा कुछ और नहीं थे।

जब हमने 1955 में 'वसुधा' निकाली, तब ताज से सम्बन्ध गहरे हुए। पाँच-छह गजलें 'वसुधा' के अंकों में ताज की छपी थीं। पहली गजल, जो उन्होंने भेजी थी, बहुत अच्छी थी। हम लोगों ने उसका पाठ किया। दो शेर मुझे अभी तक याद हैं :

तुम्हारी बज्म के बाहर भी एक दुनिया है
मेरे हुजूर बड़ा जुर्म है ये बेखबरी।

हम मशाल-ए-खुर्शीद लेके निकले हैं
हमें कुबूल नहीं जुगनुओं की राहबरी।

बहुत तगादे के बाद गजलें भेजते थे। मैं भोपाल जाता, शिकायत करता कि 'बड़ी मिन्नत करवाते हो', तो वे जवाब देते, "मैं कोई फड़तूस शायर थोड़े हूँ।" और हँस देते।

कई वाकयात मुझे याद आते हैं—कहाँ तक बयान करूँ! मैंने लेनिन पर उनकी लम्बी नज्म मथुरा बाबू के यहाँ पूरी सुनी थी। ताज में बहुत गहरी सामाजिक और राजनीतिक चेतना थी। वे समाज की गतिविधियों, सामाजिक, आर्थिक सम्बन्धों और राजनीतिक घटनाओं को बहुत कल्पना के साथ समझते थे। पंडित नेहरू की मृत्यु के बाद लिखी गजल में नेहरू का राजनीतिक व्यक्तित्व, उनकी कल्पना और उनकी लड़खड़ाहट सब स्पष्ट होती है। ताज का अपना मुहावरा था, जो उन्होंने बड़ी मेहनत से बनाया था। बहुत लोग अपने मुहावरे का प्रयोग चमत्कारी और छल के लिए करते हैं। ताज इसका इस्तेमाल अभिव्यक्ति को ताकत देने के लिए करते हैं।

ताज भावुक भी बहुत थे। कई बार मैंने उनकी आँखों से आँसू देखे। वे फिल्मों में गीत लिखने बम्बई जा रहे थे। दोस्तों को आशा थी और शायद खुद ताज को भी, यह जिन्दगी कुछ ठिकाने से चलेगी। हम लोग उन्हें गाड़ी में बिठाने गए। डिब्बे में बैठते-बैठते ताज की आँखें छलछला आईं। मुझे देखा, तो उन्हें लगा कि फिल्मों में इसे भी जमा लेना चाहिए। तो मथुरा बाबू का हाथ पकड़कर बोले, "जब मैं लिखूँ, परसाई को जरूर भेजना।" पर कुछ समय बाद वे ही बम्बई छोड़ आए।

दुख मुहम्मद अली ताज ने सचमुच बहुत झेला। दुख भोगना अपने-आपमें कोई बहुत बड़ी बात नहीं है। बहुत लोग भोगते हैं।

यह विश्वास अकाट्य नहीं कि दुख आदमी को महान बनाता है, उसकी आत्मा को उदात्त करता है, उसके व्यक्तित्व को ताकत देता है। दुख मनुष्य को अक्सर गिराता है, मानवीय गरिमा छीनता है, छुद्र और नीच भी बनाता है। हर दुख उत्पादक नहीं होता। क्रान्तिकारी भी दुख भोगता है, शायर भी दुख भोगता है। शायर भी दुख भोगता है और कायर भी दुख भोगता है। कायर का दुख आखिर किस काम आता है? अज्ञेय ने जो यह कहा है कि दुख सबको माँजता है, तो उन्होंने बरौनी को बर्तन माँजते देखा होगा। ताज का दुख शायर का दुख था, जो उसकी संवेदना से मेल करता था और रचना को ताकत देता था। शायर का दुख रचनात्मक प्रेरणा देना बन्द कर दे, तो वह आत्मघाती रूमान हो जाता है। ताज के आखिरी सालों में यही हुआ। एक बात मुझे याद आ रही है। मुक्तिबोध को हम लोगों ने भोपाल मेडिकल कॉलेज में भर्ती करवाया। ताज नियमित उनके पास बैठते थे। सुनाते भी थे। एक दिन ताज ने यह शेर सुनाया, जो ग़ालिब के शेर के सन्दर्भ में हैं :

आह से हमने निकाली है अमल की सूरत,
हमको जीना है तेरी जुल्फ के सर होने तक।

मुक्तिबोध इस शेर को सुनकर बहुत खुश हुए। बहुत तारीफ की और बहुत देर तक इसे बार-बार सुनते रहे। उन्हीं दिनों ताज ने वातावरण बदला, बोले, "मुक्तिबोध जी, मैं आपको दवा लाकर दूँगा और तीन-चार दिन में आप हॉकी खेलने लगेंगे।"

इस पर मुक्तिबोध बहुत जोर से हँसे।

मुक्तिबोध के बारे में तभी उन्होंने एक शेर कहा। मुझे पता नहीं कि यह उन्हीं का शेर है या किसी और का। मैं जब फिराक साहब से

बीमारी की हालत में मिलने गया था, तो उन्होंने कहा कि "अब मैं मौत के नजदीक आ गया हूँ।" तब मैंने उन्हें उनका ही एक शेर सुनाया :

किसी के बज्मे तरब में हयात बँटती थी,
उम्मीदवारों में मौत भी नजर आई।

फिर मैंने वह शेर सुना दिया फिराक साहब को, जो ताज ने मुक्तिबोध के बारे में सुनाया था :

उम्र भर जीके भी जीने का न अन्दाज आया,
जिन्दगी छोड़ दे पीछा, मैं बाज आया।

फिराक सुनकर बहुत खुश हुए। पूछा कि "यह किसका शेर है?" मैंने कहा, "यह मुझे ताज भोपाली ने सुनाया था।" तब फिराक कहने लगे, "मियाँ, ये मुहम्मद अली ताज बहुत बड़ा शायर है। मैंने इसकी गजलें पढ़ी हैं।"

ताज के लिए ही शायद ये शेर मौजूँ है :

उम्र भर जीके भी जीने का न अन्दाज आया,
जिन्दगी छोड़ दे पीछा, मैं बाज आया।

बहुत प्यारा मित्र श्रीकान्त

श्रीकान्त वर्मा के बारे में अभी कुछ कहना मेरे लिए मुश्किल है। उनकी मृत्यु को कुछ दिन नहीं, कुछ घंटे हुए हैं। मेरा मन बहुत भरा हुआ है। वे तीस सालों से मेरे घनिष्ठतम मित्रों में थे; बल्कि मेरे भाई भी थे। ऑपरेशन कराने न्यूयॉर्क जाने के तीन दिन पहले मेरी उनसे फोन पर बात हुई। उस दिन शाम को मध्य प्रदेश साहित्य परिषद् के सचिव सोमदत्त ने भोपाल से फोन किया कि मैं कल दिल्ली में एक मीटिंग के सिलसिले में था और श्रीकान्त से मिला। उन्हें भोजन की नली में कैंसर हो गया है और वे ऑपरेशन के लिए न्यूयॉर्क जा रहे हैं। दस-बारह दिन पहले ही श्रीकान्त का पत्र आया था, पर उसमें इस बीमारी का कोई उल्लेख नहीं था।

राजनीतिक स्थितियों के बारे में उन्होंने जरूर लिखा कि देश की पूरी राजनीति अपराधी गिरोहों के हाथ में आ गई है और तरह-तरह के माफिया इसे चला रहे हैं।

मैंने उन्हें दिल्ली फोन लगाया। पहले उन्होंने ही मुझसे पूछा, "आपकी तबीयत कैसी है?"

मैंने कहा, "ठीक है, पर तुम्हें यह क्या हो गया?"

श्रीकान्त ने कहा, "अभी चार दिन पहले ही डॉक्टरों ने भोजन की नली में कैंसर ढूँढ़ा। आरम्भिक स्टेज है। यहाँ भी ऑपरेशन हो सकता है, पर मैं न्यूयॉर्क जा रहा हूँ।"

उनका स्वर निश्चित ही गिरा हुआ था। श्रीकान्त के व्यवहार से और कड़ी बातों से लोगों को यह पता नहीं चलता था कि वे बहुत भावुक थे और उनमें अतिशय आत्मीयता थी। उनका स्वर रुँधा हुआ था और उन्होंने कहा, "यह बहुत अच्छा हुआ कि आपसे मेरी बात हो गई। मैं पन्द्रह-बीस दिन में ठीक होकर आ जाऊँगा। हफ्ता भर दिल्ली में रहकर जबलपुर आऊँगा। फिर एक महीना आपके साथ रहूँगा।"

श्रीकान्त कई पत्रों में मुझे यह लिख चुके थे कि "मैं यहाँ के प्राणलेवा वातावरण से त्रस्त हो गया हूँ और जबलपुर आकर आपके साथ कुछ दिन शान्ति से रहूँगा।"

श्रीकान्त भूल जाते थे कि मैं खुद बहुत अशान्त आदमी हूँ। मैंने उस रात फोन पर उनसे कहा कि "श्रीकान्त, हम लोग जिन्दगी भर लड़ते ही रहे, तो एक लड़ाई और सही।" कभी की याद किसी कवि की ये पंक्तियाँ मैंने कहीं :

"आई हैव एवर बीन ए फाइटर, सो वन फाइट मोर, दी बेस्ट बट नॉट दी लास्ट।" (मूल है—दी बेस्ट एंड दी लास्ट)

श्रीकान्त ने कहा, "मैं बिलकुल ठीक होकर आता हूँ और मेरी तबीयत के समाचार आपको दिल्ली से मेरा भाई फोन पर दे दिया करेगा।"

पर भाई मुझे समाचार क्या देता क्योंकि स्वास्थ्य लगातार गिरता जा रहा था। एक नहीं, तीन ऑपरेशन हुए और वे लगभग डेढ़ महीने चेतनाशून्य रहे। चेतना जो गई, तो लौटकर नहीं आई। कहाँ तो श्रीकान्त

ने कहा था, "अच्छा होकर लौटकर जबलपुर आऊँगा" और कहाँ उनका शव दिल्ली आया और मैं उसे भी नहीं देख सका।

श्रीकान्त को देखे भी कुछ साल हो गए हैं—और अब मेरे मन में पिछले तीस सालों की अनेक स्मृतियाँ आ रही हैं। श्रीकान्त बिलासपुर के थे और किशोरावस्था से ही संघर्ष कर रहे थे। वे मिडिल स्कूल में अध्यापक थे, पर उनकी बड़ी महत्त्वाकांक्षाएँ थीं।

सन् 1954 में नागपुर में मेरी उनसे पहली भेंट हुई। तब उन्होंने कुछ कविताएँ भी सुनाईं, जिनमें से एक शीर्षक मुझे याद है : 'पहाड़ का कबूतर'। हम दोनों मुक्तिबोध जी से सम्बद्ध थे। मुक्तिबोध हमारे बड़े भाई, मित्र, शिक्षक थे। इतना सीखा है हमने उनसे। हम दोनों से बात करते-करते मुक्तिबोध स्वयं इतने भावुक हो जाते कि उनकी आँखों में आँसू आ जाते।

श्रीकान्त के पूरे जीवन-संघर्ष को, उनकी ताकत को, कमजोरी को, टूटन को मैं बहुत अच्छी तरह जानता हूँ। वे दिल्ली चले गए थे और नॉर्थ एवेन्यू में संसद सदस्या मिनी माता के फ्लैट में रहते थे। मैं भी जब दिल्ली जाता, वहीं रुकता था। मिनी माता बहुत ममतामयी थीं। मैं कहीं और ठहर जाता, तो वे मुझे जोर देकर वहाँ से बुला लेतीं।

श्रीकान्त का घरेलू नाम 'बच्चू' था। एक दिन मिनी माता ने मुझसे अकेले में कहा, "परसाई जी, इस बच्चू की नौकरी यहाँ नहीं लग रही, तो मैं इससे कहती हूँ, तू मध्य प्रदेश लौट जा। यहाँ इसकी हालत बहुत खराब है। चिड़चिड़ा हो गया है। हमेशा परेशान रहता है। आप इसे समझाइए।"

वास्तव में श्रीकान्त दिल्ली नौकरी की तलाश में नहीं गए थे। वे स्वतंत्र लेखक ही रहना चाहते थे। वे परिवार में सबसे बड़े लड़के थे, इसीलिए जिम्मेदारियाँ भी थीं। वे दिल्ली में फ्रीलांसिंग करते थे। अनुवाद करते थे और दूसरे तरह का लेखन भी करते थे। पर आमदनी बहुत कम

थी। वे कुछ पैसा घर भेजते थे। खुद अच्छे कपड़े नहीं पहनते थे। दिल्ली की ठंड में उनके पास ठीक-ठाक रजाई भी नहीं थी। इसके साथ ही दिल्ली में जमे हुए लेखकों की अवहेलना और अपमान भी उन्हें सहना पड़ा था। पर श्रीकान्त लड़ाकू थे। वे बहुत अध्ययन करते थे, चिन्तन करते थे और मेहनत से लिखते थे। मन में कटुता उनके न थी। पर जब उनकी कविताओं की पुस्तक प्रकाशित हुई और उनकी बुद्धि का आतंक कायम हुआ, तो श्रीकान्त ने उनका कभी अपमान करने वाले बड़ों-बड़ों से बदला भी लिया। कॉफी हाउस में या टी-हाउस में वे किसी से भी कह देते थे, "यह लेखक अपढ़ है।" किसी के बारे में कह देते थे, "यह आदमी साहित्य का गधा है, जो पीठ पर ईंट ढो रहा है। यह समझता है कि साहित्य-रचना करता है।"

मुझसे भी कई लोगों ने शिकायत की कि आपके श्रीकान्त जी बहुत 'एरोगेंट' हो गए हैं। मैं जानता था कि पिछले दस सालों से उनकी तीन कविता पुस्तकों में घोर निराशा, टूटन, आस्थाहीनता, अविश्वास, आत्मपीड़न और मृत्युबोध जो है, वह वास्तविक है। ये कविताएँ पूरी ईमानदारी से लिखी गई हैं और दुनिया के किसी साहित्य में भी शायद ऐसी टूटन और बिखराव किसी कविता में न हो। श्रीकान्त ने अपने लिए स्वयं भाषा बनाई थी। वैसी भाषा किसी और लेखक की नहीं।

अपने लिए भाषा और मुहावरे का निर्माण करना बड़ी तपस्या है। बिलासपुर से उन्होंने 'नई दिशा' पत्रिका निकाली थी। इसके कुछ अंक निकले, पर वे महत्त्वपूर्ण थे। दिल्ली से उन्होंने 'कृति' मासिक पत्रिका दो साल सम्पादित की। मैंने श्रीकान्त से कहा, "तुम मेरी तरह स्वतंत्र लेखन पर जिन्दगी नहीं गुजार सकते। मैं बहुत लिखता हूँ और हर तरह का लिखता हूँ। मेरे पास हर तरह का माल है। मेरी दुकान में हर साइज के जूते हैं। तुम मेरे जैसा नहीं कर सकते।"

अन्ततः श्रीकान्त ने 'दिनमान' में नौकरी कर ली। अनिच्छा से की। मुझसे कहा, "मैं नौकरी न करता, तो पूरी तरह से टूट जाता।"

उनकी राजनीति के बारे में मैं विशेष नहीं कहूँगा। उनमें राजनीतिक महत्त्वाकांक्षा जागी और वे अपनी पार्टी के महासचिव रहे। संसद सदस्य तो रहे ही, पर राजनीतिक संघर्ष ने उन्हें भीतर से बहुत पीड़ित किया। उनके शरीर को कमजोर भी बनाया।

श्रीकान्त बहुत अच्छे मित्र थे। विश्वास के योग्य। मित्रों के लिए बहुत कुछ करते थे। मुझसे जब वे मूड में होते तो कहते, "देखिए तो, ये जितने बड़े-बड़े हैं, इन्हें आपके चरणों पर डाल दूँगा।" इसमें मेरे चरणों की महत्ता कम, श्रीकान्त का आत्मविश्वास अधिक था।

अब जब से वे नहीं रहे, तो राग-द्वेष और स्पर्धा भी चली गई। अब तटस्थ भाव से उनके साहित्य का मूल्यांकन होगा। बहुत-से विद्वानों को अपने मत बदलने होंगे, यह मैं जानता हूँ।

मेरे लिए तो श्रीकान्त हमेशा एक बहुत प्यारे मित्र ही रहेंगे, जो मुझे तब छोड़कर चले गए, जब मुझे उनकी सबसे अधिक जरूरत थी। श्रीकान्त ने बहुत जल्दी की।

है वली पोशीदा, काफिर खुला!

बाबा नागार्जुन से मेरी कोई चिट्ठी-पत्री नहीं है। न वे लिखते हैं, न मैं लिखता। न मैंने कभी उन्हें लिखा : "अहा, आपकी अमुक कविता पढ़कर मन गद्गद हो गया। आपके स्वास्थ्य की हमेशा चिन्ता रहती है (जो मुझे कतई पसन्द नहीं है)।" और न बाबा ने लिखा : "परसाई, इस बार उधर से गुजरूँगा, तो जबलपुर रुककर तुम्हारी कलम चूमूँगा।" इस प्रकार का पत्र-व्यवहार हुआ ही नहीं। इस तरह के ढोंगों को मैं खूब जानता हूँ।

कभी जब कमलेश्वर ने 'नई कहानियाँ' में 'मेरा हमदम : मेरा दोस्त' लेखमाला चलाई थी, तब मुझसे भी कहा, "तुम किस मित्र पर लिखोगे और कौन तुम पर लिखेगा?"

मैंने कहा, "मैं नहीं लिखूँगा। तुम लोगों में न कोई किसी का हमदम है और न दोस्त है। सब 'कामर्स' है।"

कमलेश्वर की तारीफ करता हूँ कि उसने स्वीकार किया, "हाँ, सच यही है।"

वास्तविकता यह है कि बड़े लेखकों से मेरा पत्र-व्यवहार हुआ ही नहीं। किसी महान् को मैंने चिट्ठी नहीं लिखी। नामवर सिंह तो मेरे प्रिय मित्र हैं। गत वर्ष किसी की सिफारिश की चिट्ठी उन्हें लिखी। अन्त में यह भी लिखा : " 'दूसरी परम्परा की खोज' मैंने पढ़ ली।" नामवर भी उस्ताद हैं। राधा और कृष्ण की पहली भेंट पर सूरदास ने लिखा है, "चतुर चतुर की भेंट भई," तो जवाब में नामवर जी ने लिखा : "यही क्या कम है कि आपने पढ़ ली।'

पिछले दिनों एक सम्पादक बन्धु ने कहा, "आपके पास लेखकों की चिट्ठियाँ तो होंगी ही, कुछ दे दीजिए, तो हम पत्रिका में उन्हें प्रकाशित करें। आपने लिखी ही होंगी, तो वे भी कुछ दे दीजिए।"

मैंने कहा, "मेरे पास छोटे आदमियों, छोटे लेखकों, छोटे कार्यकर्ताओं की चिट्ठियाँ हैं, जो तुम लोगों के काम की नहीं होतीं।"

पर बाबा से मेरी आत्मीयता है और बिना लिखे भी संवाद चलता रहता है। अक्सर उनकी बात हमारे यहाँ होती है। यह कैसा रिश्ता?

इधर मध्य प्रदेश में जबलपुर में हमारी एक साहित्यिक मंडली हुआ करती थी। उसमें कहा जाता था—'उस आदमी से अपनी खूब लगी।' उसके भीतर 'खटका' है। इस 'खटका' की व्याख्या मैं नहीं कर सकता, पर नागार्जुन में यह खटका है।

पंडित हजारी प्रसाद द्विवेदी जब जबलपुर पहली बार आए, तो उनके साथ शान्तिनिकेतन में आचार्य और हम लोगों के आत्मीय पंडित मोहनलाल वाजपेयी भी थे। वे ठहरे पंडित भवानीप्रसाद तिवारी के घर, जो 'खटकों' का सदर मुकाम था। खूब गप्प-गोष्ठी जमी। तब तिवारी जी ने कहा, "पंडित जी, आपके भीतर 'खटका' है।"

बाबा में यह 'खटका' है। खटके वाला खटके वाले को एकदम पहचान लेता है और तब यह होता है :

यों रहीम सुख होत है बढ़त देख निज गोत,
ज्यों बड़री अँखियाँ निरख अँखियन को सुख होत।

बाबा की याद आती है। कम लोग होते हैं, जिनकी याद आती है :

मुद्दतें गुजरीं तिरी याद भी आई न हमें,
और हम भूल गए हैं तुझे ऐसा भी नहीं। (फिराक)

बाबा की हलचल, गतिविधि, बोलना और नहीं बोलना, सहमति और विवाद दूर-दूर तक ध्वनित होते हैं। बाबा एक धड़कनवाली जिन्दगी हैं :

तेरे कदमों की आहट दूर से ही जान लेते हैं,
तुझे ऐ जिन्दगी हम दूर से पहचान लेते हैं। (फिराक)

ऐसा न समझा जाए कि ऊपर मैंने जो लिखा, वह 'फिराक' के दो शेर खपाने के लिए। तो एक लगभग घटिया शेर :

जबीं को दर पै झुकाना ही बंदगी तो नहीं,
ये देख मेरी मुहब्बत में कुछ कमी तो नहीं?

बाबा से पहली मुलाकात सन् 1958 में इलाहाबाद में साहित्यकार सम्मेलन के समय हुई। इससे पहले अज्ञेय के नेतृत्व में 'परिमल' वालों ने एक सम्मेलन कर डाला था। यह 'लघुमानव' का दौर था, मगर सब कुछ लघुमानव के खिलाफ हो रहा था। जवाहरलाल नेहरू ने सार्वजनिक उद्योग क्षेत्र योजना में शामिल किया था और बार-बार कहते थे कि "यह बढ़ता जाएगा और भारतीय अर्थव्यवस्था में 'कमांडिंग हाइट' पर पहुँचेगा।"

1929 में ही लाहौर कांग्रेस के अध्यक्ष पद से बोलते हुए उन्होंने यह घोषणा की थी : 'स्वाधीन होने पर हमारा लक्ष्य वैज्ञानिक समाजवाद की स्थापना है।' वे पहली योजना के समय से कहते रहते थे, "जब मैं समाजवाद की बात करता हूँ, तब किसी वायवी, भावात्मक समाजवाद की नहीं, बल्कि वास्तविक वैज्ञानिक समाजवाद की बात करता हूँ।"

इस कारण अज्ञेय और उनके गिरोह के लेखकों को आशंका हुई कि संस्कृति खतरे में है और लेखक की स्वाधीनता जा रही है। तब कांग्रेस फॉर फ्रीडम ऑफ कल्चर' तथा 'मॉरल रिआर्मामेंट' की गतिविधियाँ तेज हुईं और 'परिमली' सम्मेलन हुआ। तब बिखरे हुए प्रगतिशीलों ने यह 1958 वाला सम्मेलन किया, जिसका उद्घाटन करते हुए पं. हजारी प्रसाद द्विवेदी ने ओजस्वी स्वरों में कहा : "यह 'लघुमानव' क्या है? एक स्वाधीन राष्ट्र को दृढ़ मेरुदंड वाले पुरुष चाहिए, केंचुए नहीं।"

मेरे साथ मुक्तिबोध थे, जो बाबा के दोस्त थे। हम 'वसुधा' पत्रिका निकालते थे और मैंने पत्र लिखकर बाबा से दो कविताएँ मँगवाईं और छापी थीं। 'बहुत दिनों के बाद' और 'तुम्हारे भी नयन गीले, हमारे भी नयन गीले'—'वसुधा' में तब छपी थीं। दिसम्बर की ठंड थी। मुक्तिबोध काला लेकिन आधा सूती कोट पहने थे। नागार्जुन खादी भंडार का ऊनी कोट और पैंट पहने थे। मुक्तिबोध ने कहा, "पार्टनर, तुम तो बड़ा गर्म सूट पहने हो!" बाबा ने कहा, "यार, दिल्ली में था। दोस्तों ने कहा कि बाबा, इस ठंड में मर जाओगे। चलो खादी भंडार! तो पचास रुपयों में यह सूट खरीद लिया।"

यह मेरी इनसे पहली मुलाकात थी।

फिर तो मुलाकातों का सिलसिला ही चल पड़ा। बाबा 'कार्यक्रम-जीवी' हैं और मैं भी आंशिक रूप से 'कार्यक्रमजीवी' रहा हूँ। बाबा कविता पाठ करते हैं और पैसे लेते हैं। मैं भाषण देता था और पैसे लेता

था। धन्धे के सिलसिले में कई बार एक ही जगह होते थे। तब मुझे बाबा की आत्मीयता और अक्खड़पन और फक्कड़पन का बोध हुआ। उनके व्यक्तित्व का स्पर्श आँच पैदा करता है। बाबा को याद होगा कि मध्य प्रदेश में दो बार मैंने कार्यक्रम में आयोजकों को डराकर उन्हें पैसे दिलाए थे। मैं अक्सर आयोजकों से कह दिया करता था, "रुपये इसी वक्त दीजिए, वरना पन्द्रह दिनों में आपकी हालत खराब हो जाएगी।" आप हमें जानते हैं :

देखियो ग़ालिब से जो उलझा कोई,
है वली पोशीदा काफिर खुला।

एक शहर में तो हम मंच पर थे और सामने श्रोता। आयोजक ने, जो मेरे परिचित थे, मुझे इशारे से बुलाया और नाम लिखे नोट भरे हुए दो लिफाफे दिये। एक मेरा और एक बाबा का। बाबा ने वहीं मंच पर नोट निकाले और गिन डाले और फिर मेरी तरफ नोट बढ़ाकर गुस्से से चिल्लाए, "परसाई, ये रुपये तुम ही रखो। तुम्हीं खा जाओ। इसमें पच्चीस रुपये कम हैं। तुम तो देने वालों से मिले हुए हो।"

बाबा निश्छल हैं, आत्मीय हैं, भावुक हैं पर व्यावहारिक भी हैं और काँइयाँ भी हैं; उदार भी हैं और हिसाबी भी। एक जगह एक हफ्ते रुककर धन्धा करके घर के लिए चलने लगे, तो कहा, "यार, एक पुराने ढंग की पेटी खरीद दो और दो मामूली साड़ी। कई महीनों बाद घर जा रहा हूँ, तो पंडितानी लड़ने के लिए झपटेगी। मैं उसके सामने पेटी रख दूँगा, तो बच जाऊँगा।"

बाबा की राजनीति का कुछ विवाद है, मगर वे ईमानदार हैं। 1975 में जयप्रकाश के 'सम्पूर्ण क्रान्ति' आन्दोलन में शामिल हो गए थे और ग्यारह माह जेल में थे। मैं उसे 'सम्पूर्ण भ्रान्ति' कहता था और उसका

विरोधी था। मैंने 'जनयुग' में बाबा के नाम खुली चिट्ठी लिखी थी, जो काफी कठोर थी। बाबा जेल से छूटे तो 'जनशक्ति' के दफ्तर गए और उस आन्दोलन के खिलाफ बेधड़क बयान दे दिया। एक वाक्य मुझे याद है—'मैं रंडियों और भड़ुओं की गली में भटक गया था।' मेरे कान पर तब बात आई कि बाबा कहते हैं, "परसाई ने मेरी आलोचना की, मगर मुझे गलत नहीं समझा। मुझे जेल में बताया गया कि परसाई कहता है कि बाबा साधु है, रमता जोगी है। कहीं भटक गया होगा, तो लौटकर आ जाएगा। चिन्ता मत करो।"

बाबा के गद्य और काव्य की व्याख्या मैं नहीं करूँगा। पढ़ा है और बहुत प्रभावित हुआ हूँ। मैं बाबा का बहुत आदर करता हूँ। वे एक सिद्ध चेतन रचनाकार हैं। वे साहसी हैं, चिरतरुण हैं। इस तरह के लेखन की रचनात्मक ऊर्जा में आग होती है। मैंने मुक्तिबोध को इससे जलते देखा है। इस आग को पालना बड़ा कठिन काम है। बाबा अभी भी उसे सँभाले हुए हैं।

बाबा जिएँ, खूब जिएँ, ठाठ से जिएँ, सार्थक जिएँ—दुश्मनों की छाती पर मूँग दलते हुए जिएँ :

अब तेरी हिम्मत की चर्चा गैर की महफिल में है।

ज़ग मरिहै, हम न मरब

1947 से 1977 तक तीस साल पंडित भवानीप्रसाद तिवारी के साथ मेरे छोटे-बड़े भाई के सम्बन्ध रहे। अभी भी प्रेमकान्ता भाभी मुझे उसी तरह देवर की तरह प्यार और आशीर्वाद देती हैं। मुझसे मिलने आती हैं, तो आँखें छलछला आती हैं।

मध्य प्रदेश में दो भवानी हुए—भवानीप्रसाद मिश्र और भवानीप्रसाद तिवारी। मिश्र जी 'भवानी भाई' कहलाते थे। मैं तिवारी जी को 'भवानी भैया' कहता था या सिर्फ 'भैया'। पहली बार मैंने उन्हें देखा और सुना 1945 में।

बम्बई में नौसैनिक विद्रोह के बाद जबलपुर छावनी में सिग्नल कोर के सैनिकों ने विद्रोह किया। बैरकों से निकलकर सैनिक अनुशासित जुलूस बनाकर 'इन्कलाब जिन्दाबाद' के नारे लगाते हुए तिलक भूमि आए। तब भवानी भैया नगर कांग्रेस के अध्यक्ष थे। पैंतीस साल के लगभग तरुण। उन्होंने अत्यन्त जोशीले भाषण में विद्रोही सैनिकों तथा नागरिकों को क्रान्ति भावना से प्रेरित कर दिया। छोटे कद का यह आदमी, थोड़ा

साँवला रंग, बड़ी-बड़ी भावपूर्ण आँखें, सुडौल चेहरा, तीखी मर्दाना आवाज, कवि का अन्दाज—अद्‌भुत प्रभावशाली व्यक्तित्व था। बोलते, तो जादू का असर होता। काव्य-पाठ करते, तो श्रोता डूब जाते। जहाँ भी मैं उन्हें देखता, वे अकेले नहीं होते थे। उनके साथ पाँच-दस लोग होते थे। छड़ी हिलाते, नीचे देखते वे ठुमक चाल चलते थे। सड़क के दोनों तरफ से लोग 'पंडित जी, पालागी' करते थे। पैंतीस-चालीस की उम्र की जवानी में आदमी 'पंडित जी' कहलाने लगे और राह चलते जिसके चरण छुए जाएँ, ऐसा कम होता है। उनकी चारों तरफ जय-जयकार थी।

मैं 1947 में उनके सम्पर्क में आया। वे एक प्रखर समाजवादी साप्ताहिक पत्र 'प्रहरी' के सम्पादक थे। सह-सम्पादक थे रामेश्वर गुरु। मैंने उपनाम से एक रचना 'प्रहरी' को डाक से भेज दी। वह छप गई और लोगों से मैंने उसकी तारीफ सुनी। उपनाम रखा था—'उदार'। मैंने उसी उपनाम से तीन रचनाएँ और भेजीं डाक से। उनकी बहुत तारीफ हुई। अब सम्पादकों को मेरी तलाश थी। यह लेखक है? अपना वास्तविक नाम क्यों नहीं लिखता? मैं छिपा रहा। मेरे एक अध्यापक मित्र अवधेश प्रसाद गौतम को यह रहस्य मालूम हो गया। वे यों ही मुझे रामेश्वर गुरु के घर ले गए और मेरी पोल खोल दी। गुरुजी प्रेमी आदमी हैं। वे मुझे पंडित भवानीप्रसाद तिवारी के पास ले गए। पंडित जी ने मेरे कन्धे पर हाथ रख मुझे खींचकर कहा, "तुम कितना ही छिपो, हमसे बच ही नहीं सकते। कलम में जादू है तुम्हारी। शाम को घर आना।"

उनके घर गया, तो वहीं का हो गया। उनका छोटा भाई हो गया। भाभी का देवर हो गया और बच्चों का चाचा। रोज ही मिलना होता। मैं उनकी मंडली में एक जूनियर की तरह भर्ती हुआ था। बड़े-बड़े उस्ताद थे वहाँ, लेकिन जल्दी ही स्वीकार कर लिया गया। भवानी भैया में गजब की विनोद-प्रतिभा थी। जब मंडली बैठती थी, तो ठहाके लगते। अक्सर

कविता-पाठ होता और कव्वाली की महफिल जमती। इसके बावजूद भवानी भैया बहुत ही गहरे आदमी थे। बड़े गहरे मन के। उनके चेहरे पर भावुक होते हुए भी, भीतर गहरी हलचल की रेखा भी नहीं होती थी। आस्कर वाइल्ड ने लिखा है : 'दी ग्रेटेस्ट सिन इज शैलोनेस' यानी सबसे बड़ा पाप उथलापन है। पंडित जी की थाह नहीं थी। अनेक गुणों में एक गुण यह भी था कि वे बड़े से बड़े संकट में विचलित नहीं होते थे। बर्नार्ड शॉ ने साहस की परिभाषा की है : 'करेज इज ग्रेस अंडर प्रेशर'। दबावों के बावजूद आदमी अपनी शालीनता न खोए, यही साहस है। वे शालीनता कभी नहीं खोते थे।

मुझे याद है, उनके नाम का जादू था। पर 1952 के पहले आम चुनाव में जबलपुर से ही कांग्रेस से हार गए। हमें इनकी पक्की जीत का भरोसा था कि फूल-मालाओं और मिठाई का इन्तजाम हो गया था। परन्तु आखिरी गिनती में वे कुछ मतों से हार गए। हम सब सचमुच बहुत विचलित हुए। हजारों लोग दुखी थे। बहुत लोग रोए। पर पंडित जी ने सिर्फ इतना कहा, "अच्छा, ऐसा हो गया? चुनाव में ऐसा हो जाता है। शाम को कव्वाली हो जाए।"

और शाम को लुकमान की कव्वाली हुई। हम सब बेमन थे। किसी को कव्वाली अच्छी नहीं लग रही थी, पर पंडित जी मस्ती में झूमते हुए ताल व दाद दे रहे थे। यही था : 'करेज इज ग्रेस अंडर प्रेशर'। पर मैं उनके भीतर के संघर्ष को समझ रहा था। कितनी ताकत लग रही थी उनकी शालीन बने रहने में! मेरे मन में तब उनके लिए प्रशंसा के साथ करुणा भी थी।

सबसे बड़ी परीक्षा पंडित जी की सन् 1961 में हुई, तब आजादी के बाद का सबसे बड़ा और भयावह साम्प्रदायिक दंगा हुआ। पंडित नेहरू खुद परेशान हो गए। सुभद्रा जोशी और अनीसा किदवई को भेजा। तब

नगर निगम पर प्रजा समाजवादी पार्टी का कब्जा था और तिवारी मेयर थे। यह दंगा आकस्मिक नहीं था। यह राजनीतिक कारणों से कराया गया था। इतना पूर्वनियोजित षड्यंत्र चौंकाने वाला था। किन्हीं बड़े खुराफाती दिमागों ने इसकी योजना बनाई थी। अफवाहें बड़े कारगर ढंग से फैलाई जाती थीं। दंगे का यह रूप बनाया गया था कि हजारों पाकिस्तानी गुंडे तथा भोपाल व इलाहाबाद के मुसलमान गुंडे आए हैं। वे शहर के हिन्दुओं का सफाया करने वाले हैं। यह झूठा प्रचार इतना और इस कदर किया गया कि सारे शहर में आतंक और नफरत फैल गई। समझदार गैर-साम्प्रदायिक हिन्दुओं तक ने इस झूठ पर विश्वास कर लिया। मुसलमानी मुहल्लों पर हमले होते थे, हत्याएँ होती थीं और लगभग चार सौ छोटे मकान और झोंपड़े जला दिये गए थे।

दंगे का उद्देश्य था—तिवारी के नेतृत्व को समाप्त करना, समाजवादियों और कांग्रेसियों को बदनाम करना और साम्प्रदायिक दल जनसंघ का तीनों सीटों पर कब्जा कर लेना।

तब यह माहौल था कि यदि तिवारी जी को मार डाला जाता, तो महीने भर तो कोई नहीं कहता कि यह बुरा हुआ। वे मुसलमान घोषित कर दिये गए थे और प्रचार था कि मुसलमान दंगाइयों को तिवारी जी कॉर्पोरेशन की जीप, दूसरे वाहन और सामान दे रहे हैं। पंडित जी का साथ प्रगतिशीलों और कम्यूनिस्ट पार्टी ने दिया। नगर निगम की बैठक में सदस्य छुरे लेकर आए थे और वे वहीं मार डाले जाते, परन्तु एक तगड़े दस्ते ने उन्हें घेर रखा था। तिवारी जी ने सभा भंग की और बिना विचलित हुए 'मुर्दाबाद' के नारों और गालियों के बीच धीरे-धीरे शालीनता से अपने कमरे में चले गए।

खूब बहादुरी से यह लड़ाई लड़ी उन्होंने। बहुत लोगों ने साथ छोड़ दिया था। वे अडिग रहे। महीने भर बाद झूठ और षड्यंत्र का पर्दाफाश

हुआ और तिवारी जी हीरो हो गए। पंडित नेहरू की मृत्यु पर विंसटन चर्चिल ने, जो भारत की आजादी का विरोधी था, कहा था, "नेहरू हैड कांकर्ड दी टू ग्रेटेस्ट वीकनेसेज ऑफ मैन:फीअर एंड हेट!"

मैं पंडित नेहरू से तिवारी जी की तुलना नहीं कर रहा हूँ, पर यह कहता हूँ कि उन्होंने भी बहुत हद तक भय और घृणा पर विजय प्राप्त कर ली थी। वे किसी से नफरत नहीं करते थे। उनका नुकसान करने वाले से भी नहीं। अत्यन्त क्षमावान थे। वे किसी की निन्दा नहीं करते थे। न सुनते थे। आलोचना करते थे, मजाक करते थे, पर निन्दा नहीं करते थे। कोई निन्दा करे, तो रोक देते थे, "छोड़ो यार, मनुष्य ऐसा ही होता है। कमजोरियाँ किसमें नहीं होतीं? लाल कवि ने कहा है :

विधि के बनाये जीव जेते
जहाँ लगि
खेलत फिरत तिन्हें खेलत फिरन दें।"

उनमें अपार सहनशीलता थी और अत्यन्त धीरज था। वे कहते भी थे कि जो धीरज रख सके, वही जीतता है। मैंने उन्हें जीतते देखा था। उनके घोर विरोधी भी उनके चरण छूते थे। अथाह उदारता भी उनमें। वे क्षुद्रता से बिलकुल दूर थे। वे दूसरे दर्जे का कुछ भी नहीं करते थे।

हम लोगों की बैठकों के अड्डे थे। एक अड्डा 'प्रहरी' दफ्तर था। दूसरा उनका घर। फिर कुछ साल मेरे घर के सामने के मैदान में हमारी बैठकें बारह-एक बजे रात तक होती थीं। फिर श्याम टॉकीज के सामने के पान के ठेले के सामने पड़ा तखत। इस तखत पर हम लोग चार-पाँच साल तक रोज रात को बारह-एक तक बैठे हैं। ऐसा मस्ती का आलम होता था, ऐसी दिलचस्प बातें होतीं कि शहर के काफी लोग वहाँ आसपास खड़े होकर मजा लेते थे।

फिर वे बारह साल राज्य सभा में रहे और यह सिलसिला टूट गया। कहने को मेरे पास बहुत है, अनगनित यादें हैं, पर समय कम है। वे और मैं, दोनों कबीरदास के भक्त थे। उन्हें पहली बार हृदयाघात हुआ, तो वे अस्पताल में भर्ती हुए। मैं गया। बहुत देर बात की। मैंने कहा, "पंडित जी, गुरु कबीर कह गया है :

हम न मरब मरिहै संसारा,
हमने पाया जियावन हारा।"

वे बोले, "गुरु ठीक कह गया है : 'जग मरिहै, हम न मरब'।"

जब उन्हें दूसरा आघात हुआ, जिसमें उनकी मृत्यु हुई, तो मैं टाँग टूटने के कारण नहीं जा सका। पर पंडित जी ने लोगों से कहा, "अरे, ठीक हो जाऊँगा। परसाई पिछली बार कह गया था—'हम न मरब, मरिहै संसारा'।"

शेक्सपियर के नाटक 'जूलियस सीजर' में मार्क एंटनी कहता है : 'दी ईविल दैट मैन डू लिव्ज आफ्टर देम। दी गुड इज आफ्टर इन्टर्ड विथ देअर बोन्स।' यानी आदमी जो बुरा करता है, वह उसके बाद भी जीवित रहता है। अच्छाई उसकी हड्डियों के साथ दफन हो जाती है, पर तिवारी जी के साथ इससे उलटी बात है। हम अब भी प्यार और आदर से उनकी अच्छाइयों की याद करते हैं।

सही उद्देश्यों का निष्ठावान योद्धा

अजय चौहान को गए एक वर्ष हो गया। धीरे-धीरे आकुल भावुकता कम होती जाती है और स्मृति बनी रहती है। लम्बे अरसे से अजय चौहान के बारे में—जिसे परिवार में और स्नेहियों में 'बड्डे' कहते थे—मैं सोचता हूँ कि आखिर इस आदमी का व्यक्तित्व किस तरह से बना था! बहुत साल पहले याद करता हूँ, तो शायद सन् 1945-46 की घटना याद आती है, जब मैं मॉडल हाईस्कूल में युवा अध्यापक था और अजय कॉलेज का छात्र। मेरा चौहान परिवार से कोई परिचय नहीं था। अजय छात्र नेता था। एक दिन सुना कि छात्रों के दो गुटों में मारपीट हो गई, जिनमें एक गुट का नेता अजय चौहान है। दूसरे दिन एक बुजुर्ग अध्यापक ने, जिनके सम्बन्ध चौहान परिवार से थे, कहा, "देखिए, सुभद्रा जी का यह कैसा लड़का है अजय? जब झगड़ा हो रहा था, तब चौहान साहब ने किसी को भेजा कि अजय से कहो कि घर आ जाए। उस आदमी ने यह सन्देशा अजय को दिया। अजय ने जवाब दिया कि टैल मिस्टर चौहान, दैट अजय इज नॉट ए बेबी इन दी

क्रेडिल (मि. चौहान से कह दो कि अजय पालने का बच्चा नहीं है)। कैसी बदतमीजी की बात है!"

मैं तब स्वयं युवा था। बाईस-तेईस साल का। मुझे लगा कि लक्ष्मण सिंह चौहान और सुभद्रा कुमारी चौहान का बेटा है, तो संघर्ष के समय वह ऐसा ही कहेगा। आखिर सुभद्रा जी ने भी तो इतनी शक्तिशाली अंग्रेजी सरकार से कहा है कि अपना बिस्तर बाँधो और इस देश से निकल जाओ। मुझे लगा कि सुभद्रा जी की जो विद्रोह भावना है, वह इस लड़के में है। यह 'रिबैल' है।

बाद में अजय साम्यवादी पार्टी का सक्रिय सदस्य हो गया। उसने मार्क्सवाद का अध्ययन किया। जब मेरा परिचय अजय से हुआ, तब वह सक्रिय मार्क्सवादी कार्यकर्ता था। वह बहुत अध्ययनशील और वैज्ञानिक दृष्टि से सम्पन्न युवक था। 1955 तक वह साम्यवादी पार्टी का सदस्य रहा, परन्तु मार्क्सवादी विचारधारा में उसका विश्वास अन्तिम साँस तक था। उसकी विचारधारा को उसके शुभचिन्तक छिपाते थे और विरोधी उसका प्रचार करके उस पर हमला करते थे। यह सही है कि अजय विश्वविद्यालय में सबसे विवादग्रस्त व्यक्ति था। परन्तु इस विवाद का आरम्भ क्या था? आरम्भ इस बात से हुआ कि विश्वविद्यालय के गलियारों में यह आवाज गूँजने लगी कि विश्वविद्यालय में एक कम्यूनिस्ट अजय चौहान घुस आया है। इससे लड़ना है। किसी महत्त्वपूर्ण व्यक्ति का, विशेष कर बुद्धिजीवी व्यक्ति का सही मूल्यांकन उसकी विचारधारा के बिना हो ही नहीं सकता और भावुकता में लोग इसी जरूरी तथ्य को भुला देते हैं, या छिपाते हैं। अजय का व्यक्तित्व कुछ विशेष तत्त्वों से बना था। एक तो पैतृक रूप से वह चौहान था। दूसरे, सुभद्रा जी से उसने विद्रोह और संघर्ष के संस्कार ग्रहण किये थे। तीसरे, उसकी विचारधारा मार्क्सवादी थी। इसलिए समाज के बारे में उसकी समझ सही

थी। वह जानता था कि मेरा पक्ष कौन-सा है, शत्रु पक्ष कौन-सा है, मुझे किससे लड़ना है और किन तरीकों से लड़ना है। इसके साथ ही वह साहसी था और उसमें संरक्षण की प्रवृत्ति थी, जो कुछ अंशों में सामन्ती थी। इसलिए जो भी उसके पास किसी काम से जाता, वह उसका काम कराने की कोशिश करता था। अपने जाने-माने शत्रुओं तक की सहायता वह करता था, क्योंकि उसमें 'संरक्षण' प्रवृत्ति थी। अजय के मित्र उससे कहते भी हैं कि "तुम्हारे दुश्मन हैं," परन्तु वह कह देता था, "छोड़ो यार, मुसीबत में हैं, तो मदद कर दी।" यह बात आम तौर पर कही भी जाती थी कि बड़े भैया के पास कोई भी चला जाए, तारीफ कर दे, तो वे उसका काम कर देते हैं।

नौकरी करने की प्रवृत्ति और रुचि, मेरे खयाल से, अजय चौहान में नहीं थी। उसे शायद मजबूरी में नौकरी करनी पड़ी। यदि उसकी पर्याप्त स्वतंत्र आजीविका के साधन होते, तो बहुत करके वह वामपंथ की राजनीति में पूरी तरह चला जाता।

विश्वविद्यालय में भी वह अनेक लोगों के लिए लड़ता था। उन्हें संरक्षण देता था। अपना नुकसान करके भी वह दूसरों की मदद करता था। वह अत्यन्त उदार था, और पैसे की उसने कभी परवाह नहीं की। उसमें मैत्री भाव बहुत अधिक था और मित्रों के लिए वह सब कुछ करने को तैयार रहता था। सार्वजनिक क्षेत्र में भी वह अधिक से अधिक जनोपयोगी काम करना चाहता था। शिक्षण संस्थाओं की स्थापना और संचालन में अजय का योगदान सबको विदित है।

अजय का घर सबके लिए उसी तरह खुला रहता था, जैसे सुभद्रा जी का घर। वहाँ हमेशा उसके मित्र, स्नेही, मिलने वाले और शत्रु भी बैठे दिखते थे। हम कुछ लोगों की एक छोटी-सी अन्तरंग मंडली थी, जिसमें मायाराम सुरजन, हनुमान प्रसाद वर्मा तथा एक-दो लोग और थे।

यहाँ चार-पाँच साल प्रो. प्रमोद वर्मा और प्रो. क्रान्ति कुमार भी सरकारी कॉलेज में रहे। वह भी इस मंडली में शामिल हो गए।

मुझे एक दिलचस्प घटना याद आती है, जिससे अजय के व्यक्तित्व के कुछ पहलू स्पष्ट होते हैं। प्रमोद वर्मा का तबादला हो गया था। वे छुट्टी में आए, तो मुझसे कहने लगे, "यार, यहाँ विश्वविद्यालय में लेक्चरर की एक जगह भरी जाने वाली है। अगर मेरी नियुक्ति उसमें हो जाए, तो मैं यहीं तुम लोगों के बीच में रहूँ और हम लोग खूब लिखें-पढ़ें।"

उन दिनों विश्वविद्यालय में अजय का रोबदाब था। पं. कुंजीलाल दुबे उपकुलपति थे। मैंने प्रमोद से कहा, "यह अच्छी बात है। चलो, अजय से बात करते हैं। वह करा सकता है।"

हम लोग अजय के पास आए। वे पाइप फूँक रहे थे। न जाने पहले किससे बात कर चुके थे कि काफी साहिबी के मूड में थे। हम लोग बैठ गए। मैंने कहा, "बड़े, तुम्हारे यहाँ एक जगह खाली है ही। उसमें प्रमोद आ जाए, तो बहुत अच्छा हो।"

प्रमोद ने भी शायद कुछ ऐसा ही कहा। पर अजय साहबी अन्दाज में अंग्रेजी में बोले, "यस, दैट इज ए गुड आइडिया। मि. प्रमोद वर्मा, यू पुट इन योर एप्लिकेशन। मेंशन योर रिसर्च वर्क, पब्लिकेशन्स। आई विल सी टु इट। आई शैल ट्राई टु हेल्प यू एज मच एज पासिबिल।"

मैं सन्न रह गया और प्रमोद की क्रोध से जोर-जोर से साँस चलने लगी।

हम सब लोग जानते हैं कि प्रमोद वर्मा के भीतर विस्फोटक पदार्थ बहुत अधिक है। मुझे आशंका हुई कि प्रमोद अब फटता ही है और पता नहीं, कितनी कड़वी बातें अजय से कहने वाला है। मैंने किसी बहाने प्रमोद को उठाया।

जब हम लोग सड़क पर आए, तब प्रमोद फूट पड़ा। कहने लगा, "यह अजय चौहान है, बड़े भैया, दोस्त है हमारा। टु हैल विथ हिम।

कहता है—दरख्वास्त दो, मैं देखूँगा। मैं इसके पास चपरासी की नौकरी माँगने आया था? मैं बेकार नहीं हूँ—सरकारी कॉलेज में अध्यापक हूँ। मुझे वेतन इसके लेक्चरर से अधिक अभी मिलता है। यह अजय मुझे अजनबी, बेकार आदमी समझता है। मैं इससे कभी बात नहीं करूँगा। आई विल नॉट सी हिम।"

दोपहर को मैं अजय के पास आया और मैंने कहा, "तुम्हें सुबह क्या हो गया था? प्रमोद इतने साल का अन्तरंग मित्र है। तुम उससे इस तरह की बात कर रहे थे, जैसे कोई नया अजनबी लड़का तुम्हारे पास क्लर्क की नौकरी के लिए हाथ जोड़ रहा हो!"

अजय ने कहा, "परसाई जी, मैं भी बाद में सोचता रहा। बहुत बड़ी बेवकूफी मुझसे हो गई। बात यह है कि जब आप लोग आए, उसके पहले मुझसे एक बदमाश आदमी बात कर रहा था। मैं उस पर रोब गाँठ रहा था। उसके जाते ही आप लोग आ गए, तो मैं उसी मूड और 'टोन' में बोल गया। आई एम वेरी सॉरी। प्रमोद तो आपके साथ ही ठहरा है। मैं छह बजे शाम को आऊँगा और माफी माँगूँगा।"

शाम को अजय आया। गुस्से में बैठे प्रमोद के गले में हाथ डालकर कहा, "यार, प्रमोद, तुम मुझे सौ गालियाँ दे दो, मुझसे बेवकूफी तो हो ही गई। एक हरामजादा मेरा दिमाग खराब कर गया था, तुम मुझे माफ कर दो। और आठ बजे दोनों घर आ जाओ। हम लोग कुछ मौज करेंगे।"

अब याद करने बैठा हूँ, तो असंख्य घटनाएँ याद आ रही हैं उस बहुमुखी व्यक्तित्व के सम्बन्ध में, जिसका नाम अजय चौहान था और जिसे 'बड्डे' कहते थे। सही उद्देश्यों के लिए लड़ने वाला एक निष्ठावान योद्धा चला गया। एक बुद्धिजीवी उठ गया। हम लोगों का एक सबसे प्यारा मित्र कभी नहीं दिखेगा।

मेरी कैफियत

मैं लेखक छोटा हूँ, मगर संकट बड़ा हूँ। एक तो बड़ा संकट मैं आचार्यों, समीक्षकों और साहित्य के नीतिकारों के लिए हूँ, जिनके लिए वर्गीकरण जरूरी है और जो तय नहीं कर पाते कि इस आदमी को किस खाते डाल दिया जाए। परेशान होकर इन्होंने मुझे व्यंग्य लेखक, व्यंग्यकार, व्यंग्यशिल्पी आदि कहना शुरू किया, तो कोई दूसरे व्यंग्य लेखक और प्रबुद्ध पाठक उनके सिर चढ़ बैठे कि अब व्यंग्य को साहित्य की विधा भी मानो। दूसरे, मैं संकट उनके लिए भी हूँ, जो राजनीतिक, धार्मिक, साम्प्रदायिक, सामाजिक, व्यावसायिक या किन्हीं दूसरे रूपों में मानव-विरोधी हरकतें करते हैं और जिन पर मैं कसकर लगातार हमला करता हूँ।

मैं दूसरे महायुद्ध की समाप्ति और भारत को स्वाधीनता-प्राप्ति के समय पैदा हुआ लेखक हूँ। अपने देश में आजादी के बाद मोहभंग होने में बहुत साल नहीं लगे। जिन मूल्यों के लिए हम आजादी की लड़ाई लड़े थे, उनका तेजी से मिटना मैंने देखा और भोगा है। शासक

वर्ग का नैतिक पतन, भ्रष्टाचार, दोगलापन, पाखंड, मिथ्याचार, छल-कपट, फरेब, स्वार्थपरता नंगे होकर सामने आए। विचारधारा और सिद्धान्तविहीन राजनीति और गन्दे गठबन्धन, दुराचरण, अवसरवादिता, पदमोह, सत्ता का उन्माद मैंने इन वर्षों में देखा है। इस देश का आदमी लगातार ठगा गया। अकाल राहत-कार्य से और बाढ़ में बाढ़ राहत-कार्य से भी ठगा गया।

व्यक्ति और समाज में भयानक विसंगतियाँ और अन्तर्विरोध पैदा हुए। मानव सम्बन्ध टूटने लगे। एक वर्ग का अमानवीकरण हुआ। शोषण बढ़ा। गरीब और गरीब होता गया और शासक आँकड़े निकालने में लगे रहे कि कितने प्रतिशत गरीब रेखा के नीचे जीते हैं। काला धन्धा, काला नाम, काला धन, काला आचरण सम्मान पाने लगे। सदाचार और ईमानदारी मूर्खता करार दिये गए। समाज में दुराचरण पर 'धिक्कार' की जो शक्ति थी, वह भी क्षीण होती गई। जिन दुष्कर्मों पर आत्मा विद्रोह करती थी, वे चुपचाप स्वीकार किये जाने लगे। सब कहीं टूटन, बिखराव, मूल्यहीनता और अमानवीकरण। पुनरुत्थानवादी, प्रगति-विरोधी, पुरोगामी शक्तियों की प्रबलता, धर्मांधता, भाग्यवाद, कर्मकांड, साम्प्रदायिक द्वेष, फासिस्टवाद का लगातार बढ़ना, लोकतांत्रिक भावना का कमजोर होना, सर्वत्र शंका और अविश्वास और असुरक्षा—यही 'विकलांग श्रद्धा का दौर' है।

उधर दुनिया में दूसरे महायुद्ध के बाद से ही शीतयुद्ध, हथियारों की होड़, एक से बढ़कर एक घातक परमाणु अस्त्रों के अम्बार, तीसरी दुनिया के नवस्वाधीन गरीब विकासशील देशों का नव-साम्राज्यवादियों द्वारा शोषण, बहुराष्ट्रीय कम्पनियों द्वारा लूट, विश्वव्यापी साम्राज्यवादी युद्धोन्मादी शक्तियों द्वारा लोकतंत्र का नाश, सरकारें पलटना, हत्याकांड और व्यापक तौर पर अमानवीकरण, मजहब के नाम पर चलने वाली

बर्बर तानाशाही और राजशाही। मनुष्य की अस्मिता भंग हो रही है। मानव-गरिमा का नाश हो रहा है। हर आदमी दुनिया में असुरक्षित महसूस करता है। हर आदमी डरा हुआ है। अरबों आदमी मूर्ख हैं, मगर उनकी रोटी का पैसा हथियारों में लग रहा है। किसी भी दिन जानकर या अनजाने, भले से या एक्सीडेंट से विश्वयुद्ध शुरू हो सकता है और तब चन्द घंटों में न मनुष्य जाति रहेगी, न उसकी सभ्यता और संस्कृति। मेरी नजर अपने घर से लेकर वियतनाम, निकारागुआ, नामीबिया तक है। मैं सिर्फ दिल्ली नहीं, वाशिंगटन, बीजिंग के तेवर भी देखता हूँ। इस व्यवस्था, गति से हर देश की अपनी नियति होती है। पर अब विश्व की एक सामूहिक नियति भी है, जिससे बचा नहीं जा सकता।

मैं इसलिए लिखता हूँ कि एक तो मैं स्वयं मनुष्य को, अपने समाज को और दुनिया को समझना चाहता हूँ। मैं इसलिए लिखता हूँ कि व्यक्ति और समाज आत्म-साक्षात्कार और आत्मालोचन करे और अपनी कमजोरियाँ, बुराइयाँ, विसंगतियाँ, विवेकहीनता, न्यायहीनता त्याग कर जैसा वह है, उससे बेहतर बने। अन्धविश्वासों, झूठी मान्यताओं, अवैज्ञानिक आग्रहों और आमघाती रूढ़ियों से मुक्त हो। वह न्यायी, दयालु, संवेदनशील हो; दासता और परमुखापेक्षिता से मुक्त हो। मानव गरिमा की प्रतिष्ठा हो। मुक्तिबोध ने कहा है, "जैसी दुनिया है, उससे बेहतर चाहिए/सारा कचरा साफ करने को मेहतर चाहिए।" व्यंग्य लेखक 'सिनिक' नहीं होता, न निराशावादी और न मानसिक रोगी। डॉक्टर कैंसर के रोगी को बताए कि उसे कैंसर है, तो वह स्वस्थ मानसिकता का है। पर अगर कैंसर के रोगी को डॉक्टर राग जैजैवन्ती सुनवाने लगे, तो डॉक्टर जरूर मानसिक रोग से ग्रस्त है। मैं जानता हूँ, कई लेखक इस देश में कैंसर से बीमार समाज को राग जैजैवन्ती सुनाते हैं।

वास्तव में मैं जो लिखता हूँ, वह विनोद या हास्य नहीं है। यह व्यंग्य है और लोगों का कहना यही है कि वह कठोर होता है। पर इस व्यंग्य का उत्स कटुता में नहीं, करुणा में है। व्यंग्य मानव-सहानुभूति का बहुत ऊँचा रूप है। यह हास्य नहीं है, रुदन है, मगर अरण्य-रुदन नहीं है। मैं दुखी और बेचैन आदमी हूँ। कबीरदास ने कहा है :

सुखिया सब संसार है खावे और सोवै,
दुखिया दास कबीर है जागै और रोवै।

पुरस्कार और मेरी गति

राशि भविष्य में इस साल ज्योतिषी ने मेरे लिए कुछ अच्छा नहीं बताया था। मंगल पर शनि की कुटिल दृष्टि पड़ रही थी। यानी मेरा सारा मंगल इस साल शनि नष्ट करने वाला था। पर शास्त्रकार स्वयं मूर्ख नहीं थे। वर्ण और वर्ग स्वार्थ के लिए आम आदमी को मूर्ख जरूर बनाते थे। कर्मफल, ग्रहदशा, भाग्य, नियति आदि की पूर्वनिर्धारित अनिवार्यता बताकर भी प्राचीन मनीषियों और शास्त्रकारों ने लिखा है—परन्तु मनुष्य पुरुषार्थ से इन सबको बदल सकता है; अर्थात् प्रबलतम पुरुषार्थ हुआ। पंडित हजारी प्रसाद द्विवेदी ने लिखा है : "मनुष्य जब जययात्रा पर बढ़ता है, तब शास्त्र, नीति, नियम, विधान, धर्म, भाग्य तक को रौंदता हुआ निकल जाता है।"

तो कुछ हुआ पुरुषार्थ कि शनि की कुदृष्टि से तो मेरा इस साल अमंगल होना था, मगर लगातार मंगल ही मंगल होता गया। पहले तो बीमारी गई। फिर सम्मान मिलना शुरू हुआ, तो पहले विश्वविद्यालय से मानद डॉक्टरेट और इसके बाद लगातार तीन पुरस्कार मिल गए। कुछ

लोगों ने कहा, "एक साल में चार सम्मान वैदिक ऋषियों से लेकर कवि बौड़म तक किसी को नहीं मिले।" मैंने कहा, "यह कोई कमाल नहीं है। मैं चार और संस्थाओं को हजार-हजार रुपये इस पैसे में से दे दूँ; माला, शामियाना और समारोह का ढाई सौ रुपया खर्च और दे दूँ, तो अगले साल चार पुरस्कार और ले लूँ। जिनकी हैसियत है, वे हजार पृष्ठों का अभिनन्दन ग्रंथ अपने खर्च से तैयार करके किसी के कर-कमलों से ले लेते हैं।"

मगर सवाल यह है कि मेरे मामले में शनि की क्यों नहीं चली? जवाब वही है—पुरुषार्थ प्रारब्ध को पराजित कर देता है। अगर प्रकृति ने नवग्रह बनाकर अन्तरिक्ष में घुमाए हैं, तो मनुष्य की बुद्धि और पुरुषार्थ ने पच्चीसों उपग्रह बनाकर छोड़ रखे हैं। अभी एक भारतीय उपग्रह भी घूम रहा है। प्रकृति के एक शनि की बदमाशी खत्म करने को मनुष्य के दस उपग्रह काफी हैं।

ज्योतिषियों को भाग्यफल बनाते समय इन उपग्रहों के प्रभाव का भी हिसाब लगाना होगा। परम्परागत ज्योतिष को विज्ञान ने गड़बड़ी में डाल दिया है। अब यह आशंका भी है कि आगे अगर परमाणु युद्ध हुआ, तो ये उपग्रह जो मंगल कर रहे हैं, शनि हो जाएँगे और उनसे रॉकेट हमारे नाश के लिए गिराए जाएँगे।

शनि को मेरे पुरुषार्थ ने भी परास्त कर दिया। तीस-पैंतीस साल की लगातार मेहनत से लिखे गए साहित्य ने शनि के मुँह पर कसकर चाँटा मारा और उसका मुँह दूसरी तरफ हो गया।

इस पुरस्कार और सम्मान के सिलसिले में दिलचस्प बातें हो रही हैं। मैं यों तो खुद अट्टहास करता हूँ, पर पुरस्कार और सम्मान लेते समय मेरे दाँत ही नहीं निकलते। लोगों को देखता हूँ—माला गले में पड़ी और ओठ चौड़े फट गए, चेहरा खुशी से दमक उठा और दाँत निकल

आए। यह एक तरह का 'रिफ्लेक्स' होता है, जो मुझसे नहीं सधता। मेरा जन्मदिन सूना निकल जाता है। कोई एकाध माला लेकर आता है और मैं मनहूस की तरह मुँह बनाए माला झेल लेता हूँ। पुरस्कारों की बधाई देने लोग आए—हँसते हुए, गुलदस्ता, माला लेकर, मगर मैं मातमी मुँह बनाए बैठा रहा। पच्चीसों फोटो खिंचे हैं—उनमें लोग हँस रहे हैं, मगर मेरा चेहरा ऐसा है, जैसे ये लोग मातमपुर्सी करने आए हों! मेरा एक फोटो भी मुस्कराते हुए नहीं है। लोग बधाई देते हैं, तो मैं गम्भीरता से कह देता हूँ, "ठीक है। यह तो चलता ही रहता है।" मेरे एक श्रमिक नेता मित्र बधाई देने लगे, तो मैंने कहा, "आप भी क्या बात करते हैं! यह तो बोनस है।"

कारण मेरा अहंकार नहीं है। यह भी नहीं है कि सम्मान और पैसा मुझे बुरा लगता है। मुझे औरों की तरह ही अच्छे लगते हैं। यह जरूर है कि लोलुप नहीं हूँ और पाने के लिए प्रयत्न भी नहीं करता। लेकिन पाने पर मुझे खुशी होती है। मगर छोटे-मोटे सम्मान प्रयत्न से पाने वालों के दाँत निपोरने का मैं इतना उपहास कर चुका हूँ कि मुझे जब सम्मान मिलता है, तो मनहूस हो जाता हूँ।

मगर एक हद भी होती है। एक तरीका होता है। एक सलीका होता है। जिन्दगी में एकाध बार सम्मान और पुरस्कार मिले, तो दूसरों को भी अच्छा लगता है और अपने को भी। हाँ भई, महत्त्वपूर्ण बात हुई। मगर यह क्या बदतमीजी है कि आप हर दो-तीन महीने में एक पुरस्कार झटक रहे हैं। हद यह है ओछेपन की कि पन्द्रह दिनों में दो पुरस्कार। खुशी मनाने वालों और बधाई देने वालों के धीरज की भी एक सीमा होती है। मानद डॉक्टरेट मिली तो अखबारों में फोटो के साथ समाचार छपा और कुछ लोगों ने बधाई दी। फिर साहित्य अकादमी पुरस्कार मिल गया। इसे बहुत महत्त्वपूर्ण माना गया। बहुत बधाइयाँ आईं। अखबारों में

फोटो, तीन कॉलम समाचार और सम्पादकीय टिप्पणियाँ छपीं। लोगों को जो उल्लास दिखाना था, दिखा चुके। बस, अब खलास है। मिल गया अकादमी पुरस्कार। मगर फिर बम्बई का 'चकल्लस' पुरस्कार मिल गया, तो सिंगल कॉलम समाचार छप गया। कुछ लोगों ने बोझ की तरह बधाई लादी और लाकर मेरे ऊपर डाल दी। सोचा—अब मामला खत्म। मगर पन्द्रह दिन बाद ही घोषणा हो गई कि मध्य प्रदेश शासन का 'शिखर सम्मान' भी मिल गया। यह बहुत बड़ा सम्मान होता है। यह और बड़ा हो गया, जब खबर छपी—क्योंकि मैं बीमारी के कारण पुरस्कार लेने भोपाल नहीं जा सकता, इसलिए मुख्यमंत्री जबलपुर प्रवास के दौरान मुझे मेरे घर पर आकर पुरस्कार भेंट करेंगे। इसका बड़ा हल्ला हुआ। उस दिन मेरे घर पर कमरे में, दालान में, छोटे अहाते में और सड़क पर भी बहुत भीड़ थी। मेरे मित्र स्नेही थे। पर मैं जानता हूँ कि आधे लोग मेरे लिए नहीं, मुख्यमंत्री के लिए आए थे। मुस्कराते मुझसे फिर भी नहीं बना। गम्भीर चेहरे से मैंने पुरस्कार ले लिया। किसी फोटो में मेरे दाँत नहीं दिखते।

अब मेरी दुर्गति यह है कि नोबल पुरस्कार मिल जाए, तो पड़ोसी भी ध्यान नहीं देंगे। अरे, इसे तो मिलता ही रहता है।

मेरी हालत यह है कि पैसा और सम्मान तो मिले, पर मेरे प्रति सहानुभूति चली गई। अभी तक लोग कहते रहे हैं, "तीस-पैंतीस साल लिखते हो गए हैं परसाई को, पर बेचारे को क्या मिला? कुछ नहीं। बड़ा अन्याय हुआ उनके प्रति।" अब लोग कहते हैं, "अरे भैया, अब क्या कमी है? पुरस्कार बरस रहे हैं। मालामाल हो रहे हैं। ऊपर से बड़ा साफ, स्पष्टवादी, लड़ाकू, अक्खड़ आदमी बना रहता है यह, मगर भीतर ही भीतर चतुराई से पटाता रहता है। अब काहे के व्यंग्यकार? अब तो पुरस्कार हैं।"

हमारी परम्परा है कि लेखक को जब तक 'बेचारा' न बना लें, उसे बड़ा नहीं मानेंगे। निराला को बेचारा बनाया और तब कहा, "निराला महाप्राण हैं।" दूसरा छोर यह है कि काफी सम्पन्न मैथिलीशरण गुप्त को 'राष्ट्रकवि' का खिताब दिया।

एक संकट मेरा और है। लोग पूछते हैं, "इस पैसे का क्या करोगे? किसी संस्था को दान करोगे? या ट्रस्ट बनाओगे?" मैं जवाब देता हूँ, "कुल मिलाकर बहुत कम है यह। पचास हजार भी नहीं है। सरकारी नौकरी में होता, तो इससे कम-से-कम चार गुना प्रॉविडेंट फंड होता। यह तो मेरी जिम्मेदारियों के लिए भी नाकाफी है।"

फिर मैं याद दिलाता हूँ कि जब फिराक गोरखपुरी को एक लाख का ज्ञानपीठ पुरस्कार मिला था, तब उन्होंने भाषण में क्या कहा था? उन्होंने कुछ यों कहा था, "लोग पूछते हैं कि यह पैसा क्या दान करोगे? इससे किसी की मदद करोगे? मुझे तब की एक घटना याद आती है, जब मैं लड़का था। हमारे यहाँ के तहसीलदार ने जमींदारों, पैसेवालों और प्रतिष्ठित आदमियों की एक मीटिंग बुलाई और कहा—हमारे यहाँ विधवाओं की हालत बड़ी खराब होती है। हमें उनकी सहायता के लिए कुछ करना चाहिए। मैंने एक योजना बनाई है। आप लोग चन्दा दें, इकट्ठा करें और मेरे पास जमा करें। मैं विधवाओं की मदद के लिए कुछ करूँगा। तो थोड़े ही समय में बहुत पैसा जमा हो गया। पर दो साल तक तहसीलदार ने कुछ नहीं किया, तो लोगों ने उनसे पूछा कि आपने उस पैसे से विधवाओं के लिए क्या किया? तहसीलदार ने संजीदगी के साथ कहा—मैंने कर दिया है। बात यह है कि आदमी की जिन्दगी का कोई भरोसा तो है नहीं। आज मैं हूँ और कल मर भी सकता हूँ, तब मेरी बीवी विधवा हो जाएगी। यही सोचकर मैंने वह पैसा अपनी बीवी के नाम बैंक में जमा कर दिया है। इसी तरह मैं भी

यह ड्राफ्ट अपनी जेब में रख रहा हूँ और अपने ही काम लाऊँगा। दान का सबसे अच्छा पात्र मैं ही हूँ।"

मैं कह सकता हूँ—मेरा हाल भी ऐसा ही है। एक तो मैं गरीब। दूसरे, अनाथ—बिना माँ-बाप और बीवी का। तीसरे, ब्रह्मचारी। चौथे, ब्राह्मण। तो मैं अकेला ही एक अनाथालय के बराबर हूँ। मैं इस अपने निजी अनाथालय को यह धन दान कर रहा हूँ।

तीन

आदमी का बच्चा

जिन्दगी सुधारने नागपुर गया था। राज्यों की राजधानियाँ शायद वे जगहें हैं, जहाँ टूटी हुई जिन्दगियाँ सुधारी जाती हैं। सुना है, सेक्रेटेरिएट और विश्वविद्यालयों में जिन्दगीसाज रहते हैं, जो एक कदम से टूटी-फूटी और कबाड़खाने में रखी जिन्दगी को अच्छी से अच्छी दुकान के शो-केस में रख देते हैं।

लोगों ने कहा, "बी.ए. किये चार-पाँच साल हो गए। एम.ए. कर डालो, तो जिन्दगी सुधर जाएगी, वरना यहीं पड़े-पड़े सड़ जाओगे।" सोचा, बदबू आने के पहले नागपुर जाकर एम.ए. का इम्तहान दे डालूँ।

ठहरा एक कवि मित्र के यहाँ। वे कवि भी थे और क्वाँरे भी। यानी करेला नीम चढ़ा। घर क्या था? किसी गाँव की गौशाला थी। मगर मित्र के प्रेम का गलीचा कुछ ऐसा बिछा था और आत्मीयता के ऐसे बेलबूटे सजे थे कि मन रम गया।

कवि मित्र दफ्तर जाने लगे, तो एक दस-बारह साल के लड़के को बुलाकर कहा, "देख जग्गू, ये तेरे नये काका हैं, इनका सब काम करना। कोई तकलीफ न होने देना।"

लड़का बोला, "नहीं काका, तुम बिलकुल जाओ। तकलीफ हो ही नहीं सकती। सब काम कर दूँगा।"

वह चला गया।

मित्र ने कहा, "यहीं पड़ोस में रहता है, मेरा काम कर देता है। आने-दो आने दे देता हूँ।"

मित्र चले गए। मैं बिस्तर फैलाकर लेट गया। थोड़ी देर बाद लड़का आया। बोला, "काका, नहाने कू पानी ला दूँ?"

मैंने 'हाँ' कहा, तो वह फौरन दो बाल्टी पानी भर लाया।

नहाकर मैं किताब खोल पढ़ने बैठ गया। थोड़ी देर बाद वह आया और द्वार से टिककर खड़ा हो गया। मैंने निगाह उठाकर उसकी ओर देखा, तो वह बोला, "काका, चाय ला दूँ?"

"हाँ," मैंने कहा।

"पानी भी?"

"हाँ।"

"सिगरेट भी?"

"हाँ," कहकर मैंने एक रुपये का नोट फेंका। वह चला गया और थोड़ी देर बाद एक हाथ में केतली और प्याला तथा दूसरे में पान-सिगरेट लेकर आ गया। मैंने चाय पी ली और सिगरेट जलाकर बैठ गया। वह बाकी पैसे टेबिल पर रखकर केतली लेकर चला गया।

थोड़ी देर बाद वह फिर आकर दरवाजे के पास खड़ा हो गया। मैंने निगाह उठाई तो बड़े सकुचाते हुए बोला :

"काका, तुम्हारे पास एक आना है क्या?"

मैंने इकन्नी उसकी ओर फेंक दी और वह उसे उठाकर इतनी जल्दी जीने से उतरा, जैसे ऊपर से एकदम कूद गया हो!

मैं पढ़ने में जुट गया था। बीच-बीच में वह लड़का आता और उसका-मेरा बँधा-बँधाया वार्तालाप होता :

"काका, चाय ला दूँ?"

"हाँ।"

"पानी भी?"

"हाँ।"

"सिगरेट भी?"

"हाँ।"

और फिर वह वहीं दरवाजे के पास खड़े होकर अँगुली मुँह में दबाए नीचे देखते हुए सकुचाकर बोलता :

"काका, तुम्हारे पास एक आना है क्या?"

दस-बारह साल का लड़का था। मैला-कुचैला। एक आँख ठीक, दूसरे में मोतियाबिन्द। बाल बेतरतीब रूखे। पेट बड़ा, हाथ-पाँव पतले। जैसे बढ़ते पौधे को गरीबी के ढेर ने रौंद डाला हो! पर लड़के की एक आँख में बड़ी चमक आती।

शाम को पूछने लगा, "काका, कुछ और तो नहीं चाहिए?"

उसकी आँखों में बड़ी चपलता आ गई। शरारत की रोशनी चमकने लगी। उसने कुछ ऐसे ढंग से बात कही कि उसे मैं सिगरेट, पान, चाय के सिलसिले में नहीं बाँध सका। वह कुछ अलग ही चीज थी। मैंने पूछा, "और क्या?"

वह उसी तरह बोला, "कुछ दारू-वारू, अच्छी वाली?"

मैं थोड़ी देर को अचकचा गया। वह लड़का बड़ा दिलचस्प लगा। मैंने कहा, "यहाँ तो शराबबन्दी है, कहाँ से लाएगा?"

"अरे काका!" वह बड़े सयानेपन से बोला, "मेरे कू कोई बात मुश्किल नहीं। सब अड्डेवाले जानते हैं जग्गू को। अच्छी से अच्छी ला दूँगा। थोड़ा पैसा ऊपर लगेगा।"

मैंने कहा, "तू दूसरे वाले काका के लिए लाता है क्या?" मेरा मतलब कवि-मित्र से था।

लड़का बोला, "अरे राम-राम! वो काका तो नाम लेने से भी गुस्सा होता है। इधर मोहल्ले में एक-दो लोगों को लाता हूँ। तुम कू ला दूँ?"

मैंने कहा, "नहीं रे, मैं भी नहीं पीता।"

वह एकदम बुजुर्ग बन गया। जैसे मेरी पीठ ठोककर बोला, "बहुत अच्छी बात है, काका! बड़ी खराब चीज है। कभी नहीं पीनी चाहिए।"

अब मैं उससे यहाँ-वहाँ की बातें भी करने लगा। उसने बतलाया कि वह दूसरी तक पढ़ा है। उसके बाद उसकी माँ मर गई, तो उसने पढ़ना छोड़ दिया।

मैंने पूछा, "पढ़ना क्यों छोड़ दिया, रे?"

वह बोला, "वाह, काका, फिर दादा के लिए रोटी कौन बनाता? छोटे भैया को कौन खिलाता? दादा सवेरे ही सात बजे काम पर चला जाता है कारखाने में। मैं उठकर उसके लिए रोटी बना देता हूँ। फिर दिन भर छोटे भैया को खिलाता हूँ। मैं बड़ा हो जाऊँगा, तो मैं भी काम पर जाऊँगा। उधर बहुत-से पैसे मिलते हैं काका, पर सब दारू में उड़ा देते हैं।"

"तेरा दादा भी दारू में उड़ा देता है?"

"पहले तो उड़ा देता था। खूब पीकर आता था और माँ को मारता था। पर जब से माँ मरी, वह बिलकुल नहीं पीता। मालूम है काका, क्या बोलता है मेरा दादा? कहता है, शादी कर देगा, तब हम दोनों काम पर चलेंगे। और मेरी घरवाली हमारे लिए रोटी बना देगी।"

ब्याह की बात करते वक्त उसके मुख पर जरा भी लज्जा, संकोच के भाव नहीं आए, जैसे स्त्री हर मजदूर के लिए जरूरी चीज है और उसका यह उपयोग है कि वह सवेरे रोटी बनाकर, एक कपड़े में बाँधकर काम पर जाने वाले पुरुष के हाथ में दे देती है।

शाम को कवि-मित्र अपने एक और मित्र को ले आए। वे बड़ी दार्शनिक शैली में बातें करते थे। खूब शिक्षा पाई थी। बढ़िया सूट पहिने थे, महक रहे थे। परिचय होते ही खुलकर बातें करने लगे। वे आत्मा-परमात्मा, मानव-जीवन आदि पर बातें कर रहे थे। कहने लगे, "आखिर जीवन का उद्देश्य क्या है? क्यों इनसान पैदा हुआ? यह जीवन आखिर क्या है?"

मैंने सीधी बात कह दी, "भाई साहब, मुझे जीने से ही फुरसत नहीं मिलती, जीवन के बारे में सोचूँ कैसे? कुछ लोग जीवन जीते हैं, कुछ जीवन के बारे में सोचते हैं। आपको सोचने की सुविधा है। मुझे जीने का शौक है।"

उन्हें सन्तोष नहीं हुआ। उठते-उठते वे आदमी के पतन पर चर्चा करने लगे। कहने लगे, "भाई साहब, आजकल आदमी देखने को नहीं मिलता, यानी सच्चा आदमी। सब चार पैरों वाले जानवर हैं, जिन्होंने पीछे के दो पैरों से चलना सीख लिया है और आगे के पैरों को हाथ कहने लगे हैं।"

खाना खाने जा रहा था। भूख के सामने उनके दर्शन ने हाथ टेके। हम उठ दिये।

तीसरे दिन वह लड़का फिर आया।

बोला, "नहाने कू पानी ला दूँ?"

मैंने कहा, "नहीं।"

वह बोला, "अरे काका, नहाओगे क्यों नहीं?"

"नहीं, नहाने से तबीयत खराब होती है।"

मैंने उसे जाने के लिए कह दिया और पढ़ने बैठ गया।

थोड़ी देर बाद वह फिर आया।

बोला, "काका, चाय ला दूँ?"

मैंने कहा, "नहीं।" मैं बाहर से चाय पीकर आया था।

"पान ला दूँ?"

"नहीं।" पान मेरे मुँह में दबा था।

"सिगरेट?"

"नहीं।"

"अरे काका, आज तो न चाय, न पान, न सिगरेट?"

मैं कुछ बोला नहीं, तो वह चला गया।

थोड़ी देर बाद वह फिर आया। थोड़ी देर खड़ा रहा। फिर पूछने लगा, "काका, चाय ला दूँ?"

मैं पढ़ने में मशगूल था, कह दिया, "नहीं।"

"पान, सिगरेट?"

किताब पर आँख गड़ाए ही मैंने कह दिया, "नहीं।"

फिर सोचा कि यह बार-बार परेशान करेगा। चाय, पान, सिगरेट इसलिए पूछता है कि उसके बाद उसको एक-दो आने पैसे मिल जाते हैं। अगर अभी नहीं दूँगा, तो फिर वह परेशान करेगा। इसलिए मैं उठा और जेब में से दुअन्नी निकालकर उसे पास बुलाया और उसके हाथ में रखकर बोला, "ले जा। जब बुलाऊँ, तब आना।"

थोड़ी देर तो वह मेरी ओर देखता रहा, फिर बोला, "काका, तुम काम तो कराते नहीं, दुअन्नी देते हो। मैं मुफ्त की दुअन्नी थोड़े ही लेता हूँ।" उसने दुअन्नी वहीं टेबिल पर फेंक दी और एकदम चला गया।

मुझे तमाचा-सा लगा—पर दर्द नहीं हुआ। आदमीयत कहीं दिखे, तो अच्छा ही लगता है।

उस दिन शाम को वे दार्शनिक मित्र फिर आए। उसी लहजे में बोले, "आजकल आदमी नहीं मिलता।"

मैंने तपाक से कहा, "भाई साहब, आदमी तो नहीं, पर फिलहाल मेरे पास आदमी का बच्चा है, दिखाऊँ?"

मैंने उस जग्गू की ओर संकेत कर दिया।

शाम को बैठना है

दो आदमी मेरे कमरे में आए : एक पूर्वपरिचित थे, दूसरे अजनबी-से। पूर्वपरिचित सक्सेना ने परिचय कराया, "आप मिस्टर वर्मा हैं।"

मिस्टर वर्मा तो लाखों होते हैं। परिचय में बताया गया कि ये खास वर्मा हैं। एक ऐसे विभाग में वे मध्यम दर्जे के अफसर थे, जो भ्रष्टाचार में पहले या दूसरे नम्बर पर आता है। इस विभाग में पाँच साल की नौकरी में बँगला बन जाता है और साधारण अफसर भी पचास हजार रुपये जेब में रखे रहता है—कहीं फील्ड से दफ्तर में तबादला हो रहा हो, तो तुरन्त पचास हजार देकर तबादला रद्द करवा ले।

वर्मा साहब काफी स्थूल आदमी थे। चेहरा गोरा और भरा हुआ था। चेहरे पर परेशानी की एक हल्की बारीक रेखा थी, जैसे खूबसूरत स्त्री हल्का-सा सुरमा लगा लेती है। परेशानी से उनका चेहरा और अच्छा लग रहा था। चेहरा शून्य था। कोई भाव नहीं। सपाट। आँखों में चालाकी। वे एक खूब अच्छा खाने-पीने वाले, सम्पन्न जीवधारी लगते थे। कुछ लोग सूअर पालने का धन्धा करते हैं। वे सूअर को

खूब मोटा बनाते हैं, जिससे उसमें काफी चर्बी निकले, जो बेची जाए। बाल बढ़ें, तो काफी दाम में बिकें। सूअर के भोजन का खास इन्तजाम नहीं करना पड़ता। वह अपना भोजन ढूँढ़ लेता है, जैसे ये अफसर अपनी सम्पन्नता व्यवस्था के पाखाने में ढूँढ़ लेते हैं। एक अर्थ में ये भिन्न हैं। इनकी चर्बी अक्सर नहीं निकलती। इनके पालने वाले खुद सूअर होते हैं।

मैं मिस्टर वर्मा के बारे में कुछ नहीं जानता था। उनके व्यक्तित्व से ही ये बातें फूट-फूटकर निकल रही थीं।

मेरे परिचित ने, जो उन्हें लाए थे, अखबार उठा लिया और उसके पन्ने पलटने लगे। पढ़ वे कुछ नहीं रहे थे। उनकी मदद के लिए मैंने दो अखबार उनके सामने और रख दिये। वे अपने को उन बातों से दूर रखना चाहते थे, जो मिस्टर वर्मा मुझसे करने वाले थे।

मैं समझ लेता हूँ कि ऐसा आदमी मेरे पास आता है, तो दो कारणों से आता है—या तो उसने कविताएँ लिखी हैं, जो मुझे सुनाएगा और फिर छपवा देने का अनुरोध करेगा; या किसी विभागीय अड़चन में पड़ गया है और मेरी मदद चाहता है।

मैंने पूछा, "आप जबलपुर में कब से हैं?"

उसने कहा, "मुझे पाँच साल हो गए। बहुत दिनों से आपसे मिलने की इच्छा थी।"

मैंने पूछा, "आप कहाँ रहते हैं?"

उसने कहा, "नेपियर टाउन में। इस नाले के उस पार।"

मैंने कहा, "आप पाँच सालों से मेरे घर से दो सौ मीटर दूर रह रहे हैं, फिर भी मुझसे मिल नहीं सके?"

उसने कहा, "बात यह है कि हम लोग बहुत व्यस्त रहते हैं। फिर मुझे संकोच भी था। आप महान लेखक हैं।"

मैंने उसकी इस बनावट को पचाकर पूछा, "आप कुछ कविता वगैरह लिखते होंगे! कुछ कविताएँ लाए हों, तो सुनाइए?"

उसने कहा, "जी नहीं, मैं कविता नहीं लिखता। मैं तो आपके साहित्य को पढ़ता हूँ।"

कविता के संकट से मैं बचा। वैसे इन लोगों को जब अच्छी कमाई बिना खतरे के हो जाती है, तब इनके हृदय में सौन्दर्यानुभूति जाग उठती है। इन्हें संध्या अच्छी लगती है। फूल अच्छे लगते हैं। नदी अच्छी लगती है। और इन्हें किसी सुन्दर मजदूरनी की याद सताती है, जिसका भोग ये नहीं कर सके। तब ये कोमल कविताएँ लिखते हैं।"

कविता से तो मैं बचा। पर यह आदमी आया किसी काम से है। वह काम कविता से अधिक तकलीफदेह हो सकता है।

वर्मा ने एकाएक कहा, "आज शाम को आपके साथ बैठना है।"

सब जानते हैं कि शाम को बैठने का मतलब शराब पीना है। पर मैंने कहा, "शाम को किसलिए बैठना है?"

वर्मा बोला, "आपकी कविताएँ सुननी हैं।"

चालाक आदमी जानता है कि कवि को खुश करना है, तो उसे शराब पिला दो और उसकी कविताएँ सुन लो।

मैंने कहा, "मैं कवि नहीं हूँ। आप कहते हैं कि आप मेरा साहित्य पढ़ते हैं। मगर आप झूठ बोलते हैं। मेरी तो कोई किताब कविता की नहीं है।"

वह अड़चन में पड़ गया। वह मेरे प्रशंसक की हैसियत से घुस रहा था, मगर उसकी झूठ खुल गई। गलती उसकी थी नहीं। आम तौर से जब यह कहा जाता है कि वह लेखक है, तो यही माना जाता है कि वह कवि है। इसने भी मेरे बारे में सुना होगा कि मैं लेखक हूँ और मान लिया कि यह कवि है। यह भी कि इसका प्रभाव है।"

वह सँभल गया। उसे अभ्यास था अड़चन की स्थितियों का। उसने कहा, "तो छोड़िए कविता को, स्नेह के नाते वैसे ही शाम को बैठेंगे।"

उसका साथी ज्यादा परेशान था। वह बेमन से साथ आया होगा। और यहाँ उसके साथी की यह हालत थी।

मैंने कहा, "देखिए वर्मा साहब, अनुभवी आप भी और अनुभवी मैं भी। इसलिए सीधे बता दीजिए कि मुझसे आपको क्या काम कराना है?"

वर्मा ने कहा, "बात यह यह है कि आज सुबह अमुक अखबार में मेरे खिलाफ एक समाचार छपा है। मैं चाहता हूँ, आप उस पत्रकार से कह दें कि उसका खंडन छाप दे, वरना मेरी इनक्वायरी हो जाएगी।"

मैंने पूछा, "समाचार भ्रष्टाचार का है क्या?"

उसने कहा, "नहीं, पैसे का मामला नहीं है। पैसे का मामला होता, तो मैं वहीं सुलझा देता। मुझ पर अभी तक पन्द्रह बार भ्रष्टाचार के आरोप लगे हैं, पर मैं हर बार बेदाग सिद्ध हुआ।"

मैंने कहा, "यह आप लोग कैसे करते हैं?"

उसने कहा, "यह तो एक सिस्टम है। मेरी जाँच मेरे ऊपर का अधिकारी करता है न! उसे उसका हिस्सा पहले देकर फिर हम खाते हैं। इसलिए विभागीय जाँच में किसी पर आरोप नहीं लगता। यह एक नैतिकता है, जिसका हम सब ईमानदारी से पालन करते हैं। पर अखबार में टेक्निकल गलती बताई गई है। तो कोई तकनीकी आदमी जाँच के लिए आएगा। अब ये प्रयोगशाला में बैठने वाले कैमिस्ट वगैरह अपने को बड़ा वैज्ञानिक और ईमानदार आदमी समझते हैं। ये डिपार्टमेंट का सिस्टम नहीं जानते। हम इन्हें पटा नहीं पाते।"

मैंने कहा, "देखिए, वर्मा साहब, मैं आपकी समस्या हल कर देता हूँ। आप सीधे उन पत्रकार के साथ शाम को बैठ जाइए। आप मेरे साथ शाम को बैठेंगे, तो वह खर्च लगेगा। फिर मैं कल उस पत्रकार के साथ

शाम को बैठूँगा। वह खर्च भी आप पर पड़ेगा। तो आप सीधे उनके साथ आज शाम को बैठ जाइए।"

वर्मा ने कहा, "पर मैं उन्हें जानता नहीं हूँ। आप उन्हें फोन करके मेरा परिचय करा दीजिए न!"

मैंने कहा, "मुझे भी आप नहीं जानते। पर आप आए और शाम को बैठने का जमाने लगे। इसी तरह शाम को बैठने और लेने-देने से प्रेम बढ़ता है। ये पत्रकार कवि भी हैं। आप उनकी तारीफ कीजिए कि कवि सम्मेलनों में मैंने आपको सुना है। मैं आपका भक्त हूँ। शायद इस तरह वे पिघल जाएँ।"

वर्मा बोला, "आपने ठीक सलाह दी। मैं उनके पास जाता हूँ।"

मैंने कहा, "मेरी सलाह के लिए कुछ नहीं करेंगे?"

वह बोला, "क्यों नहीं, आपके साथ तो अब अक्सर शाम को बैठक होगी।"

मैंने जवाब दिया, "मैंने कई सालों से पीना छोड़ दिया है।"

वह थोड़ी देर खड़ा रहा। कुछ बोला नहीं। उसके साथी की हालत बहुत खराब हो गई क्योंकि वही वर्मा को यह कहला लाए थे कि ये कुछ पिलाने-विलाने से पट जाएँगे। दोनों खड़े थे। न जा रहे थे, न बैठ रहे थे। मैंने उनकी समस्या हल करने के लिए कहा, "नमस्ते।"

और वे चले गए।

फँसने और नहीं फँसने का दुख

हमने जो किया, उसके लिए भी पछताते हैं और जो नहीं किया, उसके लिए भी हमें पछतावा है। जो हम हुए, वह होने का पछतावा है और जो नहीं हुए, वह नहीं होने का भी पछतावा है।

महान लेखक तॉल्स्तॉय को भी पछतावा था। उन्होंने रूस के किसान के संघर्षमय जीवन पर बहुत चिन्ता के साथ लिखा है। पर अपने उपन्यास 'पुनरुत्थान' को पूरा करने के बाद उन्होंने कहा कि "मुझे लगता है, मैंने लिखने में इतने साल क्यों बरबाद किये। अगर मैं इन सालों में किसी आन्दोलन में काम करता, तो शायद रूसी किसानों की हालत कुछ सुधर सकती थी। लिखने से कुछ नहीं हुआ।"

प्रसिद्ध चित्रकार वान गोग ने चित्र बनाने के लिए सब कुछ छोड़ा। घर से दूर कहीं रहा। कष्ट भोगे, भूखा रहा। मगर उत्कट प्रेरणा से पागल की तरह चित्र बनाता रहा। कला के बाजार में उस पर किसी ने ध्यान नहीं दिया। एक दिन उसने भी सोचा कि 'मैंने व्यर्थ जिन्दगी बरबाद की। ये सब चित्र बेकार हैं।' उसने चाकू लेकर सारे चित्र फाड़

दिये और आत्महत्या कर ली। बाद में जो कुछ चित्र यहाँ-वहाँ मिले, उनके आधार पर वह विश्व का महान कलाकार माना गया।

मैं भी लेखक हो गया, जो मैं होना नहीं चाहता था। मेरे परिवार की, शुभचिन्तकों की और खुद मेरी इच्छा पुलिस का इंस्पेक्टर होने की थी। पर न जाने कैसे मैं अध्यापक हो गया! फिर न जाने कैसे लिखना शुरू कर दिया! फिर नौकरी छोड़कर शुद्ध लेखक हो गया। कुछ सफलता भी मिली। मगर अब मैं पछताता हूँ कि लेखक क्यों हो गया। शिक्षा विभाग में ही रहता, तो अब रिटायर होकर अच्छी पेंशन पाता। प्रॉविडेंट फंड से मकान बनवा लेता; या कोई दूसरी नौकरी करता—पुलिस की, या आबकारी की या लोककर्म विभाग की नौकरी कर लेता। इनके सफल जीवन के सबूत तो मेरे आसपास ही हैं। या कोई धन्धा कर लेता। छोटे धन्धे से शुरू करता। पहले एक नम्बरी धन्धा करता। आगे आत्मोत्थान करते-करते दो नम्बरी धन्धे वाला हो ही जाता और इस समय बहुत धनवान होता। मगर यह भी नहीं हुआ और इस नहीं होने का पछतावा है।

मेरी अच्छी इच्छाएँ पहले कदम पर ही मार डाली गईं। मैं वास्तव में अभिनेता होना चाहता था। हमारे कस्बे में अभिनेता को 'ब्रेक' रामलीला में मिलता था। मैं मिडिल स्कूल में पढ़ता था। रामलीला में न मैं रावण बन सकता था, न राम, न हनुमान। रावण तो वहाँ तय था। राम बनता था हाईस्कूल में पढ़ने वाला। हनुमान एक लफंगा बनता था। सीता बनने को कोई तैयार नहीं होता था। तो मैं सीता बन गया। इसके बाद साल भर तक, जब तक दूसरा लड़का सीता न बन गया, लड़कों ने मुझे चिढ़ाया। मेरा उत्साह चला गया। 'ब्रेक' मिलते ही कैरियर खत्म। आगे एक मौका आया था। जब मैं अध्यापकों के शिक्षण महाविद्यालय में था, तब हमारे एक उत्साही प्रोफेसर ने 'जूलियस सीजर' नाटक खिलवाने की तैयारी की। मुझे मार्क एंटनी बना दिया।

मैंने एंटनी का भाषण रटा—रोमंस, कंट्रीमैन, फ्रेंड्स। आई कम टु बरी सीजर नॉट टु प्रेज हिम। खूब रिहर्सल किये। सोचा, अब रंगमंच पर जम जाएँगे और यहाँ से एक छलाँग में फिल्म में कूद जाएँगे। मगर हमारे वे उत्साही प्रोफेसर तभी इंग्लैंड चले गए। 'जूलियस सीजर' नहीं हुआ और हमारा दूसरा 'ब्रेक' भी फेल हो गया।

क्रिकेट खिलाड़ी बनने की भी तमन्ना थी। मगर वह भी नहीं बन पाए। हाईस्कूल में पढ़ता था, तब घर के सामने के मैदान में टेनिसबॉल और लकड़ी के बल्ले से खूब अभ्यास किया। फिर बाकायदा स्कूल के क्रिकेट मैदान में बल्ला लेकर खड़े हुए। बॉलर बहुत अच्छा था। उसने ठीक स्टम्प्स पर गेंद फेंकी। मैं फुटबॉल का अच्छा खिलाड़ी था। मैं यह भूल गया कि क्रिकेट खेल रहा हूँ। मैंने फुटबॉल की तरह आगे बढ़कर गेंद को पाँव पर झेल लिया। लीजिए, एल.बी.डब्ल्यू. खुद कर लिया और बिना रन बनाए आउट हो गए। उसके बाद कभी बल्ले को हाथ नहीं लगाया।

जिन्दगी में जहाँ से ऊँचा चढ़ना चाहा, वहीं की सीढ़ी हटा ली गई। राजनीति में जाने का इरादा था, मगर पहली ही कोशिश में पलट गए। मैं टीचर्स कौंसिल के मंत्री का चुनाव लड़ रहा था। एक बुजुर्ग अध्यापक भी उम्मीदवार थे। चुनाव होता, तो मैं जीत जाता। मगर दूसरे अध्यापकों ने मुझे समझा-दबाकर बिठा दिया। कहने लगे, "वे बुजुर्ग हैं। उन्हें मंत्री हो जाने दो। तुम्हारे सामने तो पूरी जिन्दगी पड़ी है।"

जिन्दगी में जहाँ-जहाँ हम खड़े हुए, समझाकर और दबाकर बिठा दिये गए। तो हम साहित्य में आ गए। यहाँ भी समझाकर और दबाकर हमें बिठाने की कोशिश की गई पर मैंने वह लिखना तय किया, जिसमें बिठाने वाले की पीठ पर ही दो-चार धप्प जमा दिये जाएँ। मैं व्यंग्य लिखने लगा। जो बैठने को कहता, उसी पर व्यंग्य की मार कर देता। फिर तब

कोई बुजुर्ग नहीं था इस क्षेत्र में, जिसके लिए मुझे बैठना पड़ता। तो मैं खड़ा रहा। लोग कहते हैं कि अब मैं खुद बुजुर्ग हो गया हूँ। मगर मैं किसी को बिठाता नहीं हूँ।

अभिनेता बनकर फँसने का मुझे अनुभव बहुत कम है। कल्पना बहुत है। मैं जब किशोर था, तब अशोक कुमार हीरो थे। तब 'अछूत कन्या' और 'बन्धन' फिल्मों पर हम पागल थे। 'अछूत कन्या' देखने हम पास के शहर बिना टिकट रेल से गए थे। लौटकर पिताजी से पिटे थे। पर कोई गम नहीं था। हमारे मन में अशोक कुमार और देविका रानी बसे थे। अभी देविका रानी पर एक लेख पढ़ा। उनका इस उम्र का चित्र छपा था—बूढ़ी और मोटी। हमारा मर जाने का मन हुआ। इनका यह हाल हुआ? मगर पृष्ठ पलटा, तो उनका 1939-40 की 'ममता' फिल्म का चित्र देखा। तबीयत हरी हो गई।

तब किशोरावस्था में तमन्ना थी कि अशोक कुमार की तरह रोल करेंगे। मीनाकुमारी से प्रेम करेंगे। गाएँगे दोनों :

मैं बन की चिड़ियाँ बनके वन-वन डोलूँ रे,
मैं वन का पंछी बनके वन-वन डोलूँ रे।

मगर आगे चलकर जब 'परिणीता' में अशोक कुमार को उम्र छिपाते और तोंद दबाते देखा, तो बड़ा अफसोस हुआ। और आगे परदादा अशोक कुमार को देखा। सोचा—अगर फिल्मों में फँस जाते, तो अपना आज यह हाल होता कि बूढ़े का रोल करना पड़ता। बलराज साहनी ने अपनी आत्मकथा में लिखा है : "दूसरे महायुद्ध के समय मैं लन्दन में था। वहाँ बम के धमाकों के कारण मेरे बाल जवानी में सफेद हो गए। भारत लौटा। फिल्मों में गया। बम्बई में एक फिल्म की तैयारी हो रही थी। मैंने सुना, पर्दे के उस पार मेरी हीरोइन अपनी सहेलियों

से कह रही थी—क्या बताएँ, हमारी किस्मत में तो वह बूढ़ा बलराज साहनी ही लिखा है।"

फिल्म में जवान की तरह घुसो और वहीं बूढ़े होकर रोल करो—यह बड़ी दर्दनाक बात है। इससे भी दर्दनाक बात है—आउट ऑफ सर्कुलेशन हो जाना। अंग्रेजी में एक लेखक है मेक्स बीरबोम। 'लन्दन टाइम्स' में बर्नार्ड शॉ के बाद नाटक की आलोचना बीरबोम ने ही लिखी थी। उसने विनोद भी। उसका एक निबन्ध है : 'सीइंग पीपुल ऑफ' (लोगों को विदा देना)। लेखक को उसका एक पुराना परिचित अभिनेता स्टेशन पर मिलता है। अभिनेता की उम्र बहुत है और वह आउट ऑफ डेट और आउट ऑफ स्टेज हो चुका है। लेखक पूछता है कि "यहाँ क्या कर रहे हो?" अभिनेता कहता है, "अभी काम में लगा हूँ। रेलगाड़ी निकल जाने पर बात करूँगा।" वह रेलगाड़ी में एक लड़की को विदा दे रहा है। डिब्बे के बाहर खड़ा है और लड़की को बड़ी उदासी से, प्रेम से समझा रहा है, "मेरी बेटी, सामान और पैसा सावधानी से रखना और जाते ही पहुँचने की चिट्ठी देना।" रेल की सीटी होती है, तो वह रोकर लड़की का हाथ पकड़ लेता है, उसे चूमता है और छोड़ देता है। लेखक को बाद में वह बताता है, "देखो, हमें अब कोई नाटक में रोल नहीं देता। रोजी-रोटी के लिए हम कुछ रिटायर्ड एक्टर-एक्ट्रेस को यह विदाई देने का धन्धा करते हैं। यहाँ धनवान अमरीकी पर्यटक बहुत आते हैं। वे चाहते हैं कि उन्हें कोई भावुक होकर विदा दे, जिससे मुसाफिरों में उनकी प्रतिष्ठा हो। वे कहें कि इंग्लैंड में भी इनके आत्मीय हैं। ये बड़े लोग हैं। ये अमेरिकी विदाई देने के लिए अच्छे पैसे देते हैं, तो हमने विदाई एजेंसी खोल ली है। अभी मैंने उस लड़की को पच्चीस डॉलर की विदाई दी है।"

तो अभिनेता जब काम का नहीं रह जाता, तब उसकी ऐसी दुर्गति होती है और वह पछताता है कि हम जवानी में इस धन्धे में बुरे फँसे।

अभिनेता बनने के बाद जिन्दगी में सब कुछ अभिनय होता है। शादी भी साधारण आदमियों जैसी नहीं होती। शादी भी अभिनेत्रियों से ही होती है। वे ज्यादा कमाती हैं। किसी दिन कह देती है, "तुम्हारे साथ रहने से मेरा सौन्दर्य नष्ट हो रहा है। मैं अलग होती हूँ।" फिर ऐसा भी होता है कि तलाकशुदा से दुबारा शादी हो जाती है। तब तक दोनों की दो-दो शादियाँ और दो तलाक हो चुके होते हैं। रिचर्ड बर्टन ने एक बार तलाक के बाद दूसरी बार एलिजाबेथ टेलर से शादी की थी।

अब 'ढिशुंग-ढिशुंग' की उम्र रही नहीं। अशोक कुमार ही अब प्रवचन करने लगे, तो उनका जवानी का रूमानी रोल तो हमें मिल नहीं सकता। मगर कसक दिल में उठती है कि अभिनेता होते, तो आज हमारे घर भी इनकम टैक्स वालों का छापा पड़ता। काला धन पकड़ा जाता। अखबारों में फोटो छपता और समाचार होता कि इन पर अठारह साल का आयकर बकाया है। हमारी कितनी शोहरत होती! अभी तो साधारण नागरिक की तरह नियम-कानून पालकर ऊबाउ जिन्दगी जीते हैं। न कोई उत्तेजना, न साहसिकता, न शोहरत। धन्य हैं इनकम टैक्स चोर अभिनेता, जिनकी फिल्म अगर बैठ जाए, तो कम-से-कम इनकम टैक्स चोरी के सिलसिले में तो उनका नाम छपता है। यह रोल तो वे ठीक अदा करते हैं। वे तस्कर भी धन्य हैं, जिनका यश महात्माओं से ज्यादा है।

तो हम अभिनेता होकर नहीं पछताते कि बुरे फँसे। हम कलमघिस्सू होकर पछताते हैं कि इनकम टैक्स चोर अभिनेता क्यों नहीं हुए। हमें फँसने का नहीं, बल्कि नहीं फँसने का दुख है।

सिद्धान्त का संकट

वे दे रहे थे। ये ले नहीं रहे थे।

वे खुशी से दे रहे थे। ये खुशी से इनकार कर रहे थे।

वे खुशी से और ज्यादा देना चाहते थे। ये खुशी से ज्यादा लेने से भी इनकार कर रहे थे।

और दोनों दुखी थे। खुशी से देने वाले भी दुखी और खुशी से नहीं लेने वाले भी दुखी। दोनों पक्षों के परस्पर प्रेम, विश्वास और आत्मीयता का धीरे-धीरे क्षरण हो रहा था। और इस खुशी से पैदा हुए दुख तथा अविश्वास का कारण बहुत आदर्श और पवित्र था।

उलटबाँसी हो चुकी। अब व्याख्या।

लड़की के पिता और मामा वर का टीका करने आए थे। शादी की बात शुरू होने से लेकर बारात विदा होने तक एक तरह का युद्ध होता है। इस युद्ध में लड़कीवाले के सिपाही रुपये होते हैं। रणनीति उसकी हाथ जोड़ना और घिघियाना होती है। वह जानता है कि मुझे ही हारना है और समर्पण करना है, मगर वह कोशिश करता है कि मेरे कम-से-कम

सिपाही मरें। लड़की के पिता और मामा परम्परागत शैली के व्यावहारिक आदमी थे। ज्यादा पढ़े-लिखे भी नहीं थे। हैसियत साधारण अच्छी थी। जनरल स्टोर्स था। दो लड़के नौकरी भी करते थे। कुछ खेती थी।

वर के पिता की भी हैसियत अच्छी थी। वे बहुत सुसंस्कृत और प्रबुद्ध आदमी थे। कई समाजसेवी संस्थाओं में काम करते थे, तो उनके पास यश और प्रतिष्ठा थी। वे आधुनिक विचारों के और सिद्धान्तनिष्ठ आदमी माने जाते थे। आदर्शवादी थे मानव सम्बन्धों में, हालाँकि धन्धे में व्यवहारवादी थे।

वर के पिता ऐसे थे, तो विशेष रणनीति तय करने के लिए लड़की के पिता अपने एक पारिवारिक मित्र दीवानी वकील को भी साथ ले आए थे। टीके में दीवानी वकील काफी होता है। बारात पहुँचने पर फौजदारी वकील जरूरी होता है।

रणनीति यह तय हुई थी कि पहले वकील साहब वर के पिता को इशारा कर देंगे। फिर लड़की के पिता और मामा वकील की बताई रणनीति के हिसाब से युद्ध-क्षेत्र में उतरेंगे। वे लोग एक होटल में ठहर गए थे।

सुबह करीब नौ बजे तीनों वर के घर पहुँचे। स्वागत-सत्कार हुआ। कुशल-क्षेम निपटा। वकील साहब तब तक वर के पिता से बौद्धिक स्तर पर जुड़ चुके थे। दोनों में बातचीत इस स्तर तक पहुँच चुकी थी कि भारत जो विश्वबैंक और अन्तरराष्ट्रीय मुद्राकोष से कर्ज लेता जा रहा है, इसके नतीजे क्या होंगे। इस बीच वर के पिता के पाँच लोकल फोन और एक बम्बई का ट्रंक कॉल आ चुका था। ट्रंक पर जो बात हुई, उसका मतलब था कि बम्बई वाली पार्टी पच्चीस हजार का ड्राफ्ट भेज रही है। इससे लड़की के पिता और मामा आतंकित हुए—बड़ी पार्टी से पाला पड़ा है।

लड़की के मामा ने वर के पिता से पूछा, "कब का मुहूर्त निकला है?"

वर के पिता ने कहा, "वैसे तो हमारा इस मुहूर्त वगैरह में विश्वास है नहीं। जिस क्षण अच्छा काम करो, वही शुभ मुहूर्त है। फिर भी आप लोगों के विश्वासों का खयाल करके अपने पास ही रहने वाले एक पुरोहित से बात कर रखी है। उनका कहना है कि ग्यारह बजे दिन से लेकर रात नौ बजे तक चार मुहूर्त हैं।"

वकील ने अब रणनीति के हिसाब से अंग्रेजी बोलना उचित समझा, "दैट्स ओ. के.। आई टू डू नॉट बिलीव इन दीज थिंग्ज। यट सर्टेन ट्रैडीशंस हैव टु बी फॉलोड। जस्ट ए मिनिट विद यू इन प्राइवेट (एक मिनिट अकेले में बात करनी है)।"

दोनों उठकर दूसरे कमरे में चले गए।

वकील साहब ने कहा, "ये लोग पन्द्रह हजार रुपये और चाँदी के बर्तन लाए हैं। देने के लिए।"

वर के पिता ने कहा, "देखिए, लेने वाले तो पहले ही लेन-देन तय कर लेते हैं। मैंने तो बातचीत में कोई माँग कभी नहीं की। मैं सिद्धान्त से दहेज का विरोधी हूँ। कितने तो लेख लिखता हूँ और कितने भाषण देता हूँ दहेज के विरोध में—आप जानते होंगे। मैं एक पैसा भी नहीं लूँगा। मुझे तो बेटे के लिए अच्छी बहू चाहिए। लड़की बहुत अच्छी है।"

वकील साहब ने इस बात को सहज ढंग से नहीं लिया। बात को सहज ढंग से नहीं लेना उनके पेशे की आदत थी।

उन्होंने काँइयाँपन से कहा, "आपके सिद्धान्त का मैं आदर करता हूँ। मेरे विचार भी ऐसे ही हैं। हम सिद्धान्तों की बात करते हैं, सो बहुत अच्छा है। मगर व्यवहार दूसरी चीज है।"

वर के पिता ने कहा, "यानी सार्वजनिक रूप से किसी सिद्धान्त की घोषणा करूँ और व्यवहार में उससे उलटा करूँ? माफ कीजिए, मैं वकील नहीं हूँ।"

वकील ने फौरन ठप्पा मारा, "मगर 'बिजनेसमैन' तो हैं।"

इस वाक्य से उनके आदर्शवादी कलेजे में एक तीर घुसा और छेदकर निकल गया। एक क्षण वे निष्प्रभ हो गए। बिजनेसमैन तो हैं—यानी मैं सिद्धान्त के व आदर्श के दो खाते रखता हूँ। एक सच्चा और एक निजी; और दूसरा झूठा—इनकम टैक्स वालों के लिए। बुरी जगह मार की थी वकील ने।

वे सँभल गए। बोले, "वकील साहब, बिजनेसमैन हूँ, मगर दो खाते नहीं रखता।"

दोनों बाहर आ गए।

वर के पिता ने लड़की के पिता से कहा, "देखिए, आपने मुझे ठीक समझा नहीं। मुझे रुपये नहीं चाहिए। चाँदी के बर्तन भी नहीं चाहिए। चाँदी के बर्तनों में गँवार रईस खाना खाते हैं। मैं न तो गँवार हूँ और न रईस हूँ। तो रुपये और बर्तन तो आप वापस ले जाइए। शुद्ध टीका कर दीजिए।"

लड़की के पिता और मामा का मुँह उतर गया। वे समझे कि ये ज्यादा चाहते हैं। लड़की के बाप ने कहा, "हम इस योग्य नहीं हैं कि आपके यहाँ सम्बन्ध हो। यह तो ईश्वर की कृपा है और योगायोग है। अगर हमारी हैसियत होती, तो हम आपकी सेवा में बहुत कुछ पेश करते। कौन पिता अपनी लड़की को अधिक से अधिक नहीं देना चाहता! पर हमारा छोटा-सा धन्धा है। इसलिए हम जो सेवा में प्रस्तुत कर रहे हैं, उसे सुदामा के चावल समझकर आप ग्रहण कीजिए।"

दीनता की रणनीति के हिसाब से इतना बहुत था।

लड़की के मामा ने दूसरी रणनीति चली, "देखिए, सिद्धान्त बहुत उत्तम हैं। पर पुरखों से चली आ रही परम्पराएँ भी हैं। आगे चलकर लड़के-लड़की खुद इन परम्पराओं को तोड़ेंगे, तो यह उनकी जिम्मेदारी होगी। वे ठीक ही करेंगे। पर जब तक करने वाले हम हैं, तब तक तो इन

परम्पराओं को निभाना ही पड़ेगा। लोकधर्म भी तो है। फिर हम स्वेच्छा से दे रहे हैं। आपको लेने में क्या एतराज है?"

वर के पिता ने कहा, "यह सब ठीक है। पर मेरा लड़का भी कुछ नहीं लेना चाहता। मैं कुछ भी स्वीकार नहीं करूँगा।"

वकील साहब ने कहा, "तो ऐसा करें। हम लोग अभी तो होटल जाते हैं। भोजन वगैरह करके दोपहर में लौटते हैं। तब टीका हो जाएगा।"

वे होटल पहुँचे। सलाह हुई। उन लोगों का मत था कि वर का पिता काफी काँइयाँ आदमी है। घर आई लक्ष्मी को कोई इस तरह दरवाजा बन्द करता है? वह आदर्श के जरिये और वसूली करना चाहता है। ऐसा करें—बीस हजार दे दें।

वकील साहब फौरन वर के पिता के पास पहुँचे। बोले, "वे लोग बीस हजार देने को तैयार हैं। अब आप मान जाइए।"

वर के पिता को तैश आ गया। वे बोले, "आप मुझे समझते क्या हैं? मैं कोई लुटेरा हूँ? मैं क्या इतना नीच हूँ कि तंग कर-करके वधू पक्ष से वसूल कर रहा हूँ? आप लोग चले जाइए।"

वकील साहब ने कहा, "आप नाराज न हों। जैसा आप चाहेंगे, वैसा ही होगा। वे जरा पुराने खयालों के आदमी हैं। मैं उन्हें समझाता हूँ।"

वकील साहब होटल लौटे। इस बीच लड़की के पिता और मामा दो-तीन परिचितों से मिल आए थे। दो ने कहा था कि वर के पिता अच्छे आदमी हैं। एक ने शंका डाल दी थी। कहा था, "पैसे के मामले में आदमी क्या कर बैठे, इसका ठिकाना नहीं। वे चलते पुर्जे हैं। मान अभी न लें और शादी के वक्त मंडप में अड़ जाएँ और कुल मिलाकर एक लाख माँगने लगें तो? सोच-समझ कर चलना। आजकल आदमी का भरोसा नहीं।"

अब वे तीनों बड़ी चिन्ता में पड़े। उन्हें यह डर समा गया था कि यह आदमी बाद में ऐन मौके पर तंग करेगा। आदमी वह अच्छा, जो

साफ माँग ले। यह सिद्धान्त और आदर्श वगैरह की बड़ी-बड़ी बातें करने वाला आदमी कब क्या कर बैठे, ठिकाना नहीं।

वकील ने कहा, "किसी दूसरी जगह बहुत पैसे लेकर तो उन्होंने रिश्ता तय नहीं कर लिया है? तभी हमें टालना चाहते हैं।"

लड़की के पिता ने कहा, "यह भी हो सकता है।"

मामा ने कहा, "लेकिन वे टीका कराने को तो तैयार हैं।"

वकील ने कहा, "ऐसा भी तो हो सकता है कि जब टीका करने पहुँचें, तो वे कह दें कि आप लोगों के व्यवहार से लड़के का मन बदल गया है। वह अब शादी नहीं करना चाहता।"

मामा ने कहा, "कहीं ऐसा तो नहीं है कि किसी दुष्ट ने लड़की के बारे में कुछ झूठ ही अंट-शंट कह दिया हो! अपना भी बुरा चाहने वाले हैं बिरादरी में। विघ्नसन्तोषी कहाँ नहीं हैं?"

पिता ने कहा, "हो सकता है। पर अब करें क्या?"

वकील ने कहा, "इधर कुआँ है, उधर खाई है। अगर इनकी बात मानें, तो यह डर है कि ऐन शादी के मंडप में ये न जाने क्या माँग बैठें! अगर टीका किये बिना लौट चले, तो बिरादरी और समाज में बदनामी होगी। लोग कहेंगे, ये टीका करने गए थे, मगर इन्हें लौटा दिया गया। जरूर लड़की में कोई कलंक है। मैं सोचता हूँ कि और दो हजार बढ़ा दें। बाईस हजार भेंट करें। फिर भी वे आदर्शवाद और सिद्धान्त बघारें, तो फिर या तो टीका कर दें, या बिना किये लौट चलें। लड़की के भाग्य में जो बदा होगा, होगा।"

पाठक समझ रहे होंगे कि इन वकील को जो केस मिलता होगा, वही हारते होंगे। पर बात ऐसी नहीं थी। वे बहुत बड़े और सफल वकील थे अपने क्षेत्र के।

पाठक यह भी सोचते होंगे कि इस बीच वर के पिता क्या सोच और कर रहे होंगे। वे भी तो उलझन में पड़ गए थे। उन्हें सलाह देने के

लिए क्या कोई नहीं था? उस परिवार के सदस्यों में क्या प्रतिक्रिया थी? परिवार में सारे सदस्य जानते थे कि कुछ लिया नहीं जाएगा। परिवार के मुखिया को सब सही मानते थे। उनकी इच्छा के विपरीत कुछ हो नहीं सकता था। दूसरे, परिवार में लेन-देन की परम्परा थी नहीं। अभी तक देने की समस्या सामने नहीं आई थी क्योंकि किसी लड़की की शादी अभी तक हुई नहीं थी। घर में दो लड़कियाँ शादी के लायक हो रही थीं। तो परिवार के समझदार सदस्य यह जरूर सोच रहे थे कि इन लड़कियों की शादी में क्या यह आदर्शवाद निभ सकेगा? यानी क्या इन लड़कियों के वर का बाप ऐसा ही आदर्शवादी मिलेगा? कुल मिलाकर परिवार में उलझन की स्थिति थी।

वर के पिता के एक घनिष्ठ मित्र इस बीच आ गए थे। वे लेखक थे और बहुत लोकप्रिय थे। वर के पिता ने पूरा हाल बताया। कहने लगे, "मुझे इस स्थिति की कल्पना ही नहीं थी। वे मुझे कितना गलत समझ रहे हैं!"

मित्र ने कहा, "प्यारे, इस समय तुम उन लोगों की नजरों में बहुत बड़े पाखंडी और कुटिल आदमी हो—निर्लोभी, आदर्शवादी, सिद्धान्तवादी नहीं। अपनी यह सामाजिक व्यवस्था कितनी कुत्सित हो गई है कि इसमें बुरा करना आसान है, बल्कि अपेक्षित है। अच्छा करना अत्यन्त दुष्कर है। बेईमानी करके जीना सहज है। ईमानदारी से जीने वाला छिपा हुआ अधिक चतुर बेईमान माना जाता है। कोई गुंजाइश नहीं बची व्यक्तिगत और सामाजिक नैतिकता की। यह जो तुम्हारी स्थिति है, वह हास्यास्पद भी है और कारुणिक भी। बहरहाल अब होगा क्या?"

उन्होंने कहा, "तीन बज गए और वे अभी तक नहीं आए। अगर वे लौट गए, तो मेरी बड़ी बदनामी होगी। बिरादरी और समाज में यही बात फैलेगी कि बड़ा सिद्धान्तवादी बनता है, मगर लड़की वालों के सामने

इतना मुँह फाड़ दिया कि बेचारे टीका किये बिना लौट गए। बेइज्जती करके भगा दिया गरीबों को। मेरी सारी छवि पर कालिख पुत जाएगी। किस मुँह से बोलूँगा? अब यहाँ उनके और हमारे ऐसे रिश्तेदार भी नहीं हैं कि उन्हें समझाकर आश्वस्त कर दें। तुम्हें जानते हैं वे। तुम्हारे बड़े प्रशंसक हैं। वह वकील कह रहा था कि यहाँ आए हैं, तो तुमसे मिलकर ही जाएँगे। लड़की का बाप भी कुछ तुम्हारे 'दर्शन' की बात कर रहा था। मगर कम्बख्तों ने आते ही मेरा 'मूड' खराब कर दिया, वरना मैं तुम्हें बुला लेता।"

मित्र ने कहा, "वे आएँगे फिर। शायद दो-चार हजार ज्यादा लेकर आएँ। अब मैं तुम्हारा स्वभाव जानता हूँ। तुम जल्दी तैश में आते हो। तुम उन्हें सचमुच घर से बाहर भगा दोगे। तो तुम तो बैठो ऊपर के अपने कमरे में। मुझसे वे मिलना ही चाहते हैं, तो मुझे बात करने दो। तुम्हें दहेज के नाम से लूट से नफरत है न। मगर बिना रुपये हाथ में रखे टीका करना वे अशुभ मानते हों, तो तुम एक सौ एक रुपये तो ले लोगे?"

उन्होंने कहा, "हाँ, 'टोकन' में इतने से रुपये लेने में मुझे कोई एतराज नहीं है।"

इतने में नौकर ने आकर कहा कि वे लोग आ गए। नौकर से कह दिया, "उन्हें यहीं ले आओ।"

वे लोग आए, बैठे। मित्र ने मेरा परिचय कराया और कहा, "अब थोड़ी देर आप लोग इनसे बातें करें। मैं एक जरूरी काम निपटाकर आता हूँ।"

थोड़ी देर उन लोगों ने लेखक की तारीफ की। उसे सच्चा-सच्चा लिखने वाला कहा। लेखक ने सोचा कि अगर पहले ही वार से मर्म को नहीं वेधा, तो ये आगे मानेंगे नहीं।"

उसने कहा, "क्यों साहब, अगर कोई जवान स्त्री नदी में डूब रही है और कोई आदमी कूदकर बचाने लगे, तो उस आदमी के बारे में आप क्या सोचेंगे?"

उन्होंने कहा, "इसमें पूछने की क्या बात है? हम उसकी दया और साहस की प्रशंसा करेंगे।"

लेखक ने कहा, "क्या आप यह नहीं सोचेंगे कि वह आदमी उसे इसलिए बचा रहा है कि बाद में उससे बलात्कार करेगा, वरना उसे क्या जरूरत खतरा उठाने की?"

वे बोले, "ऐसा तो कोई पागल आदमी ही सोचेगा।"

लेखक ने तपाक से जड़ दिया, "सुबह से आप ऐसा सोच रहे हैं।"

वे सन्नाटे में आ गए। वकील ने कहा, "आपका मतलब नहीं समझा?"

लेखक ने कहा, "जो आदमी लड़के की शादी में एक पैसा भी आपसे नहीं ले रहा है, वह बहुत पवित्र संत आदमी है। और आप लोग उसे झूठा, पाखंडी, कुटिल और बाद में तंग करने वाला मान रहे हैं। आप जानते हैं, लोग दहेज में लड़कीवाले का घर लूट लेते हैं। यही नहीं, दहेज के लोभ में बहुएँ जला रहे हैं। और एक यह आदमी है। आप सुबह से उसे उसी की नजरों में गिरा रहे हैं।"

वे लोग बहुत परेशान हो गए। बड़ी मुश्किल से लड़की के मामा ने कहा, "साहब, हमने उनके बारे में बिलकुल बुरा नहीं सोचा। वे तो साधु पुरुष हैं। हमारा तो यही आग्रह है कि परम्परा के अनुसार हम जो तुच्छ भेंट दे रहे हैं, उसे स्वीकार लें।"

लेखक ने कहा, "इस परम्परा को वे तोड़ना चाहते हैं। असल में आपके मन में यह शक है कि ये शादी के ऐन मौके पर बहुत माँगेंगे—वही बात कि स्त्री को डूबने से बचाकर उससे बलात्कार करेंगे। देखिए,

मैं इस परिवार का सदस्य ही हूँ। लड़का मेरा भतीजा है। इससे बड़े दो लड़कों की शादी में भी कोई दहेज नहीं लिया।"

लड़की के बाप ने कहा, "यह हमें नहीं बताया गया।"

लेखक ने कहा, "बताकर क्या वे उन बहुओं के परिवारों को आपकी नजरों में गिराते? आप सोचते, वे किसी भुक्खड़ परिवार की होंगी; या इनके लड़के घटिया होंगे। वे इज्जतदार मध्यवर्गीय परिवार की अच्छी लड़कियाँ हैं। वे कुछ नहीं लाई हैं। आपकी लड़की काफी धन लेकर तीसरी बहू बनकर आएगी। अब आपकी लड़की में होगी ठसक। और जिठानियाँ चिढ़ेंगी। वे अपने को हीन समझेंगी। तब मचेगी घर में कलह, जिसमें आपकी लड़की की दुर्गति हो जाएगी। क्या आप पैसा देकर अपनी लड़की की दुर्गति कराना चाहते हैं?"

वे लोग बड़ी देर तक चुप बैठे रहे। वे बदले हुए लोग थे। कुछ पछता भी रहे थे। लड़की के बाप ने कहा, "आप ठीक कहते हैं। यह बात हमारी समझ में पहले नहीं आई थी।"

लेखक ने मजाक किया, "वह इसलिए हुआ कि वकील साहब को आपने फीस नहीं दी होगी।"

वकील साहब झेंपे और हँसने लगे।

मामा ने कहा, "अगर दस्तूर के रूप में नाम मात्र को कुछ..."

लेखक ने कहा, "हाँ, वे एक सौ एक रुपये ले लेंगे।"

वे खुश हुए।

इतने में वर के पिता आ गए। लेखक ने कहा, "अब क्यों देर करते हो? पंडित जी को बुलाकर टीका करा लो।"

नये वर्ष के ग्रीटिंग कार्ड

जनवरी के ये जो शुरू के दिन हैं, इनमें कैलेंडर और ग्रीटिंग कार्ड का मौसम चलता है। इन दिनों सर्दी भी खूब पड़ती है। शीतलहर चलती है। मध्यवर्ग के लोग सिगड़ी जलाकर बैठते हैं, पर अगर घर का कोई सदस्य अच्छा कैलेंडर लेकर आ जाए, तो ठंड भाग जाती है और रजाई में दुबके बूढ़े रजाई फेंककर बाहर आ जाते हैं और कैलेंडर देखकर कहते हैं, "वाह, यह कैलेंडर सबको नहीं मिलता। बाजार में नहीं बिकता। तेरा इस कम्पनी में कोई खास आदमी होगा। इसे उस लक्ष्मी जी की तसवीर के बगल में लगा दो।"

कम्पनियों के कैलेंडर प्रतिष्ठामूलक होते हैं। कॉर्पोरेशंस के कैलेंडर बहुत खूबसूरत होते हैं। एल.आई.सी. तथा बैंकों के कैलेंडर के लिए लोग महीनों पहले से पीछे पड़े रहते हैं। जिनके जरिये नहीं हैं, वे बेचारे शंकर अगरबत्ती, हवाबाण, हरणे और बवासीर के शर्तिया इलाज के कैलेंडरों से ही दीवारें सजा लेते हैं। पड़ोसियों में स्पर्धा होती है, सम्बन्ध बनते-बिगड़ते हैं, ऊँच-नीच होते हैं। औरतें कहती हैं—हमारी पड़ोसिन के घरवाले टाटा कम्पनी का कैलेंडर क्या ले आए हैं, वह सीधे मुँह बात नहीं करती।

इसी मौसम में नये वर्ष की शुभकामनाओं वाले ग्रीटिंग कार्ड भेजे जाते हैं और पाए जाते हैं। मैं ग्रीटिंग कार्ड नहीं भेजता। किसी सिद्धान्त के कारण या कूटनीति के कारण नहीं भेजता, ऐसी बात नहीं है। भेजता ही नहीं। यह आलस्य हो सकता है, या इस औपचारिकता का व्यर्थताबोध। मेरे मन में चाहे किसी का बुरा हो, मगर मैं भेजूँ मंगलकामना? यों ही किसी लेखक से क्षुब्ध बैठा हूँ कि इसकी तीन कहानियों के टेलीविजन नाटक आ गए और मेरी एक कहानी का भी नहीं आया। मैं इसे क्या मंगलकामना भेजूँ? अगर मेरी मंगलकामना सचमुच फलवती हो गई, तो इसके पूरे उपन्यास का सीरियल आ जाएगा और मैं बैठा सिर ठोकूँगा। साधु हूँ। वचन खाली नहीं जाता। इसलिए ऐसा खतरा नहीं उठाता कि मेरे कहने से किसी का सचमुच भला हो जाए।

बहुत-सी शुभकामनाएँ शुद्ध भावुकता की होती हैं, आत्मीयता की होती हैं। लोग प्रेम से ग्रीटिंग कार्ड भेजते हैं। पाकर परिवार खुश होता है—'अरे लो, श्रीवास्तव जी का ग्रीटिंग कार्ड आ ही गया! इन दिनों केन्या में हैं। कहीं भी हों, अपने को नहीं भूलते!'

एक सेठ जी चाहते हैं कि सतना के उस सेठ की थोक किराने की दुकान बैठ जाए, तो अपना एकाधिकार इस क्षेत्र में हो जाए। फिर भी उस सेठ को मंगलकामना भेज रहे हैं कि खूब व्यापार में वृद्धि हो और लक्ष्मी सदा सहाय हो। इस शुभकामना कार्ड में डाक टिकिट के सिवा सब अर्थहीन है। अगर मंगलकामना का मजमून अर्थ रखता है और लक्ष्मी जी वाकई इन सेठ के कहने से सहाय हो जाती हैं, तो भी सेठ ग्रीटिंग कार्ड भेजेंगे। पिछली बार नाश नहीं हुआ, तो इस बार तो जरूर होगा। मैं फिर जोर देकर कह रहा हूँ कि लक्ष्मी जी सहाय हो! बेचारी कहाँ तक सहाय होगी? एक दिन तो तुम्हें डुबाएगी।

मैं ग्रीटिंग कार्ड कई कारणों से नहीं भेजता। एक तो मेरा आलस्य। मैं आलसी कतई नहीं हूँ। बेहद कठिन परिश्रमी हूँ, पर जो बात मन की नहीं है, उसे साल भर सोचूँगा, पर करूँगा नहीं। मैं ग्रीटिंग कार्ड भेजना बहुत अच्छा मानता हूँ, पर मेरा मन तैयार नहीं होता। कोई औपचारिकता नहीं निभाई कभी। अब यह क्या करते हो कि मंगलकामना भेजते रहें। क्या किसी मित्र या परिचित का तुमने कभी बुरा सोचा है? तुम तो शत्रु का भी बुरा नहीं चाहते। तुम उसकी नाशहारी प्रवृत्तियों से भी खुशी जाहिर करते हो। वह प्रोत्साहित होकर और ज्यादा गलती करता है और अपना नुकसान कर लेता है। तुम्हें परसाई, किसी को बरबाद करने में कोई प्रयत्न नहीं करना पड़ता है। एक पैसे वाला शराबी नीच था। तुम उससे नफरत करते थे। वह तुम्हारे साथ कभी-कभी शराब पीता था। तुम दो पैग के बाद खत्म करके कहते थे—अरे भाई, हम क्या पिएँगे? पीने को दम चाहिए। ये अग्रवाल हैं दमदार। छह पैग पी लेते हैं, मगर लगता है, एक बूँद नहीं पी। शराब पचाने को दम चाहिए, गुरु। साल भर बाद वे दुकान बरबाद करने लगे, तो भाई ने उन्हें घर से निकाल दिया और वे अब एक छोटी मैकेनिक की दुकान खोले हैं और सस्ती कच्ची दारू पीते हैं। शुभकामना से आदमी को इस तरह बरबाद किया जाता है।

मैं ग्रीटिंग कार्ड नहीं भेजता, पर वे मुझे अच्छे लगते हैं। भेजने वाला बताता है कि अभी हम हैं और आपको याद भी करते हैं। कोई याद करता है, यह अहसास ही सुखदायक है—चाहे वह जरूरत पर दस रुपये भी नहीं दे। ग्रीटिंग कार्ड पर नाम लिखते वक्त आदमी के मन में मैल नहीं होता। मैल हो, तो भी वह उसे दबा लेता है। मेरे दोस्त ग्रीटिंग कार्डों पर लिस्ट के आधार पर पते लिख रहे थे। एक प्रोफेसर का नाम आया, तो वे गुस्से से बोले, "इस कुत्ते के पिल्ले को नहीं भेजेंगे। इसने लड़के के साइंस कोर्स प्रवेश में अड़ंगा डाला था।"

छोटे भाई ने कहा, "भेज दो भैया, हरामजादा आगे कोई काम आ सकता है। है तो साला सुअर की औलाद।" और उस कुत्ते के पिल्ले तथा सुअर की औलाद के 'मिक्स्ड ब्रीड' को कार्ड गया—'नया वर्ष आपको मंगलमय हो!'

एक मित्र ने एक दिन भाई से कहा, "अरे, उस पिलपिली मेहता साहब को कार्ड भेज दिया है न?"

साला रिकॉर्ड रखता है और शिकायत करता है। छोटे-मोटे ठेके देने के काम का है। साले, जब नकद घूस लेते हैं, तो अलग से और मंगलकामना क्यों भेजता हूँ?

हम लेखकों में भी आदान-प्रदान होता है। मैं तो नहीं भेजता। पर लेखक बन्धु मुझ नालायक पर कृपालु हैं, तो मुझे भेज देते हैं। कार्डों के रंग और चित्र और कीमत से मैं लेखक की वर्तमान हालत का पता लगा लेता हूँ। अच्छा, ये उत्साह में हैं—टी. वी. पर तीन कहानियाँ आ चुकी हैं। और ये गिरावट में हैं—महँगा कार्ड भेजकर आशा बाँध रहे हैं। और ये निराश हो चुके हैं—अस्त होते सूर्य का चित्र है। और ये तो अब खत्म हो गए—लक्ष्मी जी कमल पर बैठी हैं।

बहुत अच्छे दिन हैं ये कैलेंडर और ग्रीटिंग कार्ड के। लोग सजाकर रखते हैं। मित्रों, रिश्तेदारों और पड़ोसियों को दिखाते हैं। खुशी भी होती है और मनमुटाव भी होता है। पड़ोसी का घर विशिष्ट खूबसूरत कैलेंडर से सजा है, तो उससे महीने भर बोलचाल नहीं होगी। अजी खुशामद करते हैं कम्पनीवालों की। चापलूस हैं साहब। एक कैलेंडर फेंक देते हैं कि ले, ले जा और ये इधर अकड़ बताते हैं।

मेरे पास अपरिचितों के ग्रीटिंग कार्ड बहुत आते हैं, परिचितों, मित्रों के कम। हर डाक में अपरिचितों के ढेर सारे ग्रीटिंग कार्ड आते हैं। मैं इन्हें नहीं जानता—बिहार के हैं, राजस्थान के हैं, महाराष्ट्र के हैं, केरल के

हैं, नेपाल के हैं। इनसे कभी भेंट नहीं होगी। ये मुझसे कुछ नहीं चाहते। इनका कोई भला मैं नहीं कर सकता। ये ऐसी इच्छा भी नहीं रखते हैं। ये मेरे पाठक और स्नेही हैं। इनकी शुभकामना शुद्ध है, सच्ची है। 'इस प्यारे लेखक का मंगल हो'—यह इच्छा उनके अन्तरतम से निकलती है। 'यह जिये, सुखी रहे और लिखता जाए'—मैं इन कार्डों को बड़ी देर देखता रहता हूँ और भावुक हो जाता हूँ।

इनसे भी कीमती शुभकामना कार्ड मुझे आते हैं। ये छपे नहीं होते। इन पर चित्र नहीं होता। लिखने वाला पोस्टकार्ड पर लाल-नीली स्याही से बेलबूटे बनाकर, साध कर मंगलकामना लिखकर भेजता है। दूर-दूर के गाँवों से मेरे पास ऐसे कार्ड आते हैं। मैं इन्हें चूम लेता हूँ। ये कार्ड नहीं, आशीर्वाद हैं। अतिशय आत्मीयता से मुझे याद किया है।

एक दिलचस्प ग्रीटिंग कार्ड मुझे इस बार मिला। बन्द लिफाफे में है। भीतर रंगीन ग्रीटिंग कार्ड के साथ एक पत्र है :

> जनाब परसाई जी,
>
> मैं नौजवान हूँ। कुछ साल पहले मैंने लिखना शुरू किया था। मेरी महत्त्वाकांक्षा थी कि मैं हरिशंकर परसाई बनूँगा। पर 'गंगा' मासिक में मैंने आपके द्वारा भोगे घोर कष्टों का जो वर्णन पढ़ा है, तो मैंने वह विचार त्याग दिया है। मैं हरिशंकर परसाई अब नहीं बनूँगा। हरिशंकर परसाई बनना आपको ही मुबारक हो। मैं हमदर्दी भेजता हूँ।